從家庭開始，奠基孩子終身學習力的22個陪伴錦囊

生活裡的素養課

王文華 著

推薦序

一本兼具故事與策略的生活智慧書

——林怡辰（彰化縣原斗國小教師）

眾所皆知，王文華老師著作等身，自律甚嚴的他，勤勞筆耕，每過一段時間，就有優質大作讓孩子奉為精神食糧；而同時，他也是資深國小教師，還到香港、大陸等地授課，看過、教過上百上千個孩子；也是資深家長，孩子已經上大學的他，像是一本歷經時間淬鍊出芬芳遠見、但又似有趣故事集的教養書，讓我讀得津津有味、腦海處處是畫面，又點頭如搗蒜。觀念通了，行動也變得簡單又馬上可行，然後感覺心安。

例如看完〈功課寫好了嗎？〉這篇文章，我馬上實踐在孩子身上：「孩子放學回家，招呼她，洗個手，弄盤水果、點心，陪他坐下來看看有哪些功課。你的笑容要甜美，點心要好吃，更重要的是，讀書寫字的氛圍要足夠，讓孩子明白：

回家第一件事就是寫功課。」看看，環境優美氣氛佳，習慣建立態度好，魔鬼都在細節裡，還教你簡單培養專注力的祕訣，輕鬆「打造完美小孩」，既優雅又實在。覺得概念都有，怎麼孩子不領情，後面的作業心理戰還有怎麼選擇安親班。文華老師站在家長也是資深教師的角度上，看見學習的本質又兼顧孩子的心聲，讀來恍然大悟、更拍手叫好！

全書分成學習篇和生活篇。學習篇包含語文、數學、社會、自然每一科的學習重點，例如：語文的作文怎樣愈寫愈有動機？數感哪裡找？社會心智圖、自然探究和科學展覽等等，這些學科在生活中哪裡啟蒙、可以如何深入、師長怎麼協助，任何小學階段的疑難雜症無所不包，連口才、日記到學習檔案，甚至是自主學習都「傳便便」，不僅家長讀了馬上可以大力支持孩子，連現場教師的我，都收藏好多妙招。

生活篇則是給予家長不同面向的遠見：生涯、理財、生活危機、交友、手機使用、閱讀到獨立放手。文華老師為家長思考得面面俱到，有務實的方法，傳授的心法和思考角度也可以遷移到其他議題。

我實在很慶幸可以遇到這本書，看見文華老師多年來在教育及教養上的遠見、價值和堅持。在一個個有趣的故事中，我突然覺得，這本書與其說是教養書，更像是一本「智慧生活書」，它帶領著家長依照本質，在生活中帶著孩子實踐「好好生活」，又有好多簡單易使、趣味橫生的錦囊妙招，忠於真理又順著人性，跟著王文華老師學教養，哪有不成功的呢？

很推薦你，好好的、輕鬆的讀這樣一本智慧的小書，找一兩個概念，本立則道生，然後開心、放心的，和孩子順著好好生活的初衷，水到渠成，和孩子重新過一次豐富且幸福美妙的童年吧！

推薦序

生活是素養教育的起點

——黃國珍（品學堂執行長）

王文華老師是一位我很喜歡又尊敬的作家，這次他再度以敏銳的心和鮮活的故事完成新書，而且是一本陪伴孩子學習與「素養」養成有關的書。

「素養」這個詞在一〇八新課綱推動下，不只成為老師教學的指標，也成為家長間詢問談論的話題，更是網路上熱搜的關鍵字，到底什麼是「素養」？

根據一〇八課綱導論的說明，「核心素養」是指一個人為了適應現在生活及面對未來挑戰，所應具備的知識、能力與態度。」如果把上述課綱中學術性的素養解釋用簡單的話來說，就是「一個人生活中最根本所需要對應環境的條件」，那麼下一個困擾家長的問題是：「這要怎麼教啊？」

過往以來，學校老師將知識傳遞給學生，期待能夠幫助他們解決生活難題、適應未來社會參與。但事實上，知識在本質上比較像材料與工具，它本身並不能解決問題，得要有人知道如何使用它，才能發揮出知識的價值與力量。因此，在二十一世紀的教育有了新的任務，我們要培養會發現問題、有能力使用知識、創造知識來解決問題，並在此過程中獲得學習與成長的人。在此背景之下，過去的教學設計需要調整，形成近年來我們所看到各式教學法百家齊放的教育現場。

王文華老師這本新書《生活裡的素養課》在此時出版，正是為困惑於「以素養為導向的教與學」的家長們提供正確的指引。孩子的素養是為了因應真實的生活，所以素養的養成自然也需要與真實生活經驗做銜接，在日常中提取項目，融入素養和能力的應用機會。

書中以孩子的學習為經，串起自主學習、探究發現、思考表達；以真實問題的情境與類型為緯，從未來職涯的初體驗到內在人文深度的養成。透過書中所分享師生與親子間的對話與故事，編織出陪伴學習的原則，教學相長不再是教育的理想，而是真實的生活。

閱讀這本書時有一個反思，恰好回應許多家長對素養教學的疑惑。如新課綱所說，素養教育是為了「適應現在生活及面對未來挑戰」，這兩件事所面對的就是眼前每一天的生活。王文華老師在書中以他個人豐富而多彩的生活經驗，活化了課堂中的師生關係與家庭中的親子互動，成就素養學習的課堂。

我們要重新看待家長與家庭在素養教育中的角色。身為家長的我們需要豐富自身的生活與思考，參與孩子的學習，陪伴孩子的成長，更要勇於分享彼此的困惑，和孩子一起去探索答案。於是世界將成為最有趣的學校，而素養學習就在其中發生。我相信這本書就是素養教育的範例指導，為讀者開闢一條可以一同前進的路。

推薦序

「教養」、「素養」一次搞定

——溫美玉（溫老師備課 Party 創始人）

國中畢業後，我僥倖考上高雄女中。註冊當天，看著眼前上千的錄取考生，我卻「落跑」了，直接到補習班報名重考師專。我心裡盤算著，只要忍受「填鴨」一年，挺過傳統升學制度，未來就可以在職場生存。

然而，這是三、四十年前我面對的現實世界，這樣的教育思維早已無法滿足二十一世紀人才的需求。所以，先進國家開始調整學校的教學與考試內涵，最明確的方向就是，朝多元、深度、實用、創意的方向前進。過去的學生可以靠著背誦、記憶得高分，但是這樣的讀書方法，現今絕對行不通。

為了與世界接軌，教育部頒布一〇八課綱，強調以「素養」為導向的學習，培養孩子日常解決問題、思考判讀、邏輯推理、溝通表達等應用能力，終極目標在於讓孩子成為「能適應現在生活、面對未來挑戰」的終身學習者。

也許您會問：「我的孩子跟得上嗎？」

家長或是老師在新的教育浪潮衝擊下，又該如何從容應對呢？

在《生活裡的素養課》一書中，擅長說故事的王文華老師用他個人的經歷、教養，以及資深國小教學經驗證明，「素養力」的培養竟能充滿童趣又契合生活！

素養教學不再難

教「素養」不是老師正襟危坐，對學生說：「今天我們要開始素養課程！」相反的，往往是融合日常生活的「跨領域」。

王老師提到，他曾經讓孩子拿著禮券去超商，想辦法用「湊百元」買東西的方式學算術，結果不只學會數學，同時也學習與超商店員的應對進退；而安排「家鄉一日遊」則學會規劃行程、安排時間與經費、口頭採訪、筆記能力等。

你發現了嗎？孩子的學習不一定是來自於學校裡的課本，結合生活的學習，讓他們在不知不覺中更增加適應生活、面對未來的能力。

親子教養不衝突

除了教學祕訣，王老師也用話家常的輕鬆語氣，分享自己在教養路上的親身經驗與體悟。不管是用角色扮演讓孩子學會自我保護；親子共同討論，立下「手機使用合約」；發零用錢讓孩子學會理財規劃……。彼此建立共識，就能化解更多教室裡的師生問題或是家庭中的親子衝突。

未來競爭力教戰手冊

本書採用輕薄短小的章節安排，不僅好讀、容易上手，還是未來競爭力教戰手冊！書中內容囊括：

1. 學科能力：語文寫作、數學、自然、社會科等。
2. 品格態度：定時寫作業、時間管理、負責任、挫折容忍力、人際應對等。
3. 適應未來能力：生涯選擇、理財觀、口語表達等。

不論你是為「素養教學」煩惱的老師，或是有育兒、教養壓力的家長，書中的小故事和具體對策將讓你靈光一閃，立即優化師生互動，活化親子關係，更棒的是，你已經透過閱讀，為孩子打造了一條通往二十一世紀人才需要的道路。

推薦序

我的爸爸

——Marine

小時候，每天早上叫醒我的，是爸爸的鍵盤聲，喀啦喀啦的，很好聽；香醒我的，是他手沖的咖啡，咖啡那麼難喝，對身體也不好，跟他說少喝一點好多次了，他還是講不聽。雖然如此，我永遠知道，每天在我睡眼惺忪時，他已經打完例行的稿子，收拾好東西，準備出門上班。臨走前，他總會回頭向我揮了揮手，帶著他惡作劇式的笑容說：「爸爸去上班了，不要太想爸爸哦！」

最記得我國小的時候，爸爸每天回到家，總是逼著我寫作文，這樣誰會期待他回來啊！不是每個作家的女兒，作文都一定要很厲害，好嗎？到底是誰規定的啊？那時啊，他總是一臉期待的看著我，而我總是看著那慘白的稿紙，呆呆的盯著題目，而腦中一片空白……

「叫妳多看書，每天看那種輕薄短小的書，有什麼長進！」

「是是是，好好好！真是史上最囉嗦老爸。」

「什麼囉嗦！我是為妳好，去看書！一個小時過後，再過來寫一篇作文。」

「蛤！又要寫。這次要寫什麼題目？」

「寫〈我的爸爸〉。」

好啦！交稿啦！這篇老爸滿意嗎？

自序

培養終身學習力——從家庭開始

夏天的午后，我們在台東深山裡爬樹牆，榕樹的根長長的，從懸崖頂往下生長。沿著樹根往上攀爬，高度約莫二十多公尺，說危險有一點點，而且路徑狹小，只容一人前進，若有人慢了，後頭就準備「堵」人。

沒錯，爬到一半，果然堵住了！在我上頭的是個年紀和我差不多的爸爸。又是他，又是他，他這一路只顧著照相、照相、照相，完全不理後頭的人排成長長的一片。

明明這樹牆像好漢坡，應該是好漢才該來的坡。他讓女兒在前頭爬，自己在後頭拍照，那女兒動作還特別拙，左一腳，右一腳，怎麼踩都踩不好。

明明已經爬得很慢很慢了，這位爸爸還是不厭其煩的照呀照。

後頭大塞車了，那爸爸也不理，一位老大哥急了，怒氣沖沖的擠過我，開口勸那位爸爸：

「我說你咧，照片拍夠了吧？你們也太慢了吧！」

不過，說了兩句後，他馬上改口了：「不急、不急，慢慢來！」

另個大姐也心急，擠過我後也退了回來，還說：「我們可以等，你們慢慢來！」

真的，我們不過慢了一下，只等了一會兒，再慢也不過誤一頓飯，那個沿路拍照的爸爸可是等了一輩子，天天等那個一出生就手腳不便的女兒：

「妳爬上來了，很棒很棒，我再拍一張！」

「對啊，妹妹，妳慢慢來。」一人龍裡傳來此起彼落的加油聲，讓小妹妹紅撲撲的臉上都是笑。

涼涼的午後，我們吃飯的時間都過了，吹來的風添了幾許溫暖，是太平洋的風，也有彼此體諒的味道。

台灣的人很善良的。

台灣的爸爸也是很勇敢的。

你看那爸爸，明明女兒身體不便，他還是想方設法的帶孩子到處走走、看看；明明可以放棄這種不太適合她的項目，或是乾脆拉她一把，幫孩子爬上坡去，但他偏偏袖手旁觀，只當個攝影者。

「我想讓她憑自己的力量爬上去。」那爸爸在吃飯時這麼說，現場響起一片掌聲。

放棄很簡單，只要待在車子裡，告訴孩子：「嗯，妳應該爬不上去，妳看很多人都沒去啊。」

爬上去多困難，除了擔心孩子的體力，還有後頭被堵住的人龍，以及其他人的目光……

我佩服那位爸爸的毅力與勇氣，他用身教、言教帶給孩子的，絕對比聽一百場演講還有用！他帶孩子到山腳，鼓勵孩子往上爬，而父母能做的，就是替他拍拍照。至於沿路的辛苦，登頂後的沁涼暢快，孩子沒有親身體驗，說再多遍都沒用，但只要登一次山頂……

學校沒教我們怎麼當父母，沒人天生就懂得怎麼當爸媽。我們從小看著父母，學習他們教養的方法，形塑最早的家庭教養觀念，這中間或許會隨時代變化而有稍許的變化，但父母永遠是孩子最早的典範學習對象。

家庭教育的成功與否，比學校教育重要很多很多倍。

我們的好習慣，是父母耳提命面養成的（反之亦然）。

我們對人生的價值觀，也與家庭生活息息相關，雖然每一個孩子最後都會走出自己的路來，但最早最早帶他們踏上第一步的，永遠是父母溫暖的大手。

我當老師三十年了，課綱、課程改了很多輪，每一次上頭，不！是外頭有什麼風吹草動，我們全國老師就跟著動起來：辦研習、編課程、寫教案，還四處趕場參加各種有益身心的觀摩、研討會。

想一想，當老師真的很幸福，政府用這麼多有趣的活動，帶著老師們跟上時代，大家開口閉口全都是最擲地有聲的教育改革名詞。

然而不管教育怎麼改，萬變不離其宗，取決未來的成就，還是孩子本身。

我們當然能留給孩子萬貫家財，但金山銀山終有一日成空。我們也能留給孩子跨國的連鎖企業，但不懂應變，或許還是會被世人淘汰。

因此，如果我們能激發孩子的好奇心，培養他們樂於學習的習慣，即使世界變成純粹的ＡＩ人工智能時代，懂得與時俱進的孩子，還是能像哆啦Ａ夢身上的百寶袋，他能適應這個不斷變化的世代，永遠走在時代最前端，而且好學不倦，樂於接受改變。

怎麼做呢？

這本書裡，我一共寫了二十二道給家長的錦囊。

像是理財教育，讓孩子不會整天「夭飽吵」著要買東買西，卻又無形中學會理財的妙方。

像是指導閱讀，不管男生女生都能在浩瀚書海裡，找到自己喜歡的書，從書裡學習，變成一隻勤啃善解的小書蟲。

像是如何培養孩子有正確的學習態度，不用上安親才藝班，貴子弟就能打敗月考這隻大怪獸。

像是體育……

像……

這二十二道錦囊都針對孩子學習與生活的每一種狀況，協助他培養一種可以輕鬆以對的學習態度與習慣。你當然可以從頭讀到尾，一招一式，將它們全都實踐一遍；你也可以針對孩子的學習情形或成長過程中發生的某些狀況，或者是你希望他養成某些觀念時，翻開書，把裡頭的招式拿來試做一番。一本書，學一種觀念。希望本書能讓你在教養時，輕鬆優雅，從家庭開始讓孩子保有終身的學習力。

就像開頭爬樹的那爸爸，你能帶孩子走到山腳，但登山的辛苦與快樂，永遠得要孩子自己去嘗試與享受。

content 目錄

推薦序　一本兼具故事與策略的生活智慧書　林怡辰　3
推薦序　生活是素養教育的起點　黃國珍　6
推薦序　「教養」、「素養」一次搞定　溫美玉　9
推薦序　我的爸爸　Marine　12
自　序　培養終身學習力——從家庭開始　14

Part. 1 學習篇

善用對策，打破學習之壁

01 一個笨故事　24
02 功課寫好了嗎？　32
03 假期是自主學習好時機　40
04 作文有絕招，孩子不苦惱　50
05 最有用的數學　61
06 畫心智圖，從此不再「黑」社會　70
07 最好的老師在大自然　80
08 從小練習寫日記，鍛鍊語文力　90
09 不要小看聯絡簿的妙用　97

10 好口才是練來的 106
11 為童年留影的學習檔案 115

Part. 2
生活篇

樂在生活，做孩子的成長夥伴

12 孩子說長大要賣臭豆腐 126
13 休息站裡的理財課 135
14 今天，孩子做家事了嗎？ 144
15 善用角色扮演，將危機變轉機 151
16 五步驟，孩子不再被孤立 159
17 該給孩子手機嗎？ 168
18 親愛的，我們一起來做運動 178
19 哪個孩子不愛閱讀？ 186
20 讀名人傳記故事，學得好品格 196
21 進入古典文學的桃花源 204
22 我不是地表最強老爸 212

後記 抓住大方向，教養更成功 221

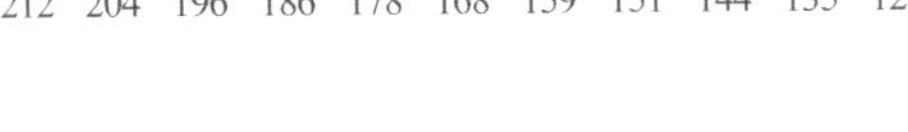

Part. 1
學習篇
善用對策，
打破學習之壁

孩子升上中高年級，
學科知識加廣、學習層次加深，
課業有如希臘神話裡薛西弗斯的巨石一樣，
天天都有，卻無法逃避，無形間形成一道學習之壁。
打破學習之壁不用硬碰硬，透過有策略的引導，
陪孩子築橋造路，順利從閱讀到思考。

01 一個笨故事

在什麼都缺的年代，
那個只交代我「別討債」的媽媽，
早早就讓我在生活裡，想辦法自己解決難題，
這不就像現在流行的「素養」嗎？

那天下午，有場演講，要跟老師們講「素養」。

因為早到，車子先停小七，喝了咖啡，心裡想著等等該用什麼故事做開場。

喝完咖啡，走出超商，咦……有輛小貨車擋住我的出路。貨車上沒留下聯絡電話，我的車旁是水泥柱，也出不去。

時間滴滴答答的過去，離上台時間只剩十分鐘，我打電話給主辦老師，她說沒問題：「王老師，我先幫你『Hold』住，但是……」

我問店員，店員搖搖頭，他也不知道貨車是誰的。

我只能祈禱了：貨車主人趕快回來。不然，來輛小黃也可以。不然，學校派車來也行。我再打給主辦老師，她在那頭愁著：「我不會開車啊，老師，我幫你開場，『Hold』幾分鐘是幾分，希望你儘早來。」

終於！貨車主人回來了。

對方是個老爺爺，我衝過去，用最狠的眼光瞪著……

老爺爺扶著一個老老奶奶，他的動作輕柔，聲音和緩的說：

「母仔，慢慢仔行。」

老老奶奶看了看我，警覺，啟口：「歹勢呢，把你擋住。」老老奶奶回頭跟老爺爺說：「你趕緊跟人家會失禮。」

「無要緊啦。」我搖搖手。老爺爺像接到了聖旨，把老老奶奶扶進車廂後，鑽出來，從貨車後頭拿出一串香蕉說：「少年仔，歹勢啦。」

我拒絕不了他的香蕉，就像我開不了口催他快一點。後來我的儀表板上多了一串香蕉，因為老老奶奶說：「厝裡很多，你幫忙食寡，別討債了。」

「討債」，不是真的去討債，在閩南語裡，是別浪費的意思。

我目送小貨車離去，不知道是不是我的錯覺，它開起來好像特別的慢，慢……慢……慢……的開走了。我發動車子，動作竟也跟著輕柔了起來。

我慢……慢……慢……慢……的倒車，放下車窗，踩了油門，然後深吸了一口氣，享受這難得的涼風。金光燦爛的午後，空氣裡有稻禾成熟的香氣。

驀然，一通電話鈴響：「老師，你到了嗎？」啊，是主辦的老師！

飛機，我在騎飛機

那天下午，我就說了這故事給滿場的老師們聽。老老奶奶那句「別討債了」，聲音軟軟的、慢慢的，跟我媽說話的聲音很像。

每次回老家看媽媽，離去前，她總準備一堆東西放進我的車裡：她自己種的青菜，自己養的雞，自己做的粿……

我跟她說不用，城裡要什麼沒有，她說：「厝裡吃不了那麼多，別討債，幫忙食寡。」

依我媽的個性，怎麼容得下東西壞掉呢？我想像她在規劃菜園時，是按兒子們回家的時節去規劃的，哪種菜成熟了，就是哪個愛吃那種菜的兒子要回來了，養雞熬湯亦復如此。

我們家不富有，爸爸的人生哲學是，東西只要沒壞，都不能丟，因為它們都可以再利用。那年頭家裡沒有東西是新的：二手摩托車，中古電冰箱，別人不要的電視，被人丟到外頭的菜櫥……

爸爸如此節儉，媽媽的口頭禪就是這句：「別討債啊。」

小時候，家裡不會有買來的玩具，想玩什麼，都要自己想辦法，媽媽是不會給錢的。於是愛玩的孩子開始自製風箏、自編報紙，自造小降落傘，我還曾做過小戲台，演戲說故事給弟弟們看。也曾撿到一個小馬達，先做成小汽車，後來把馬達移到保麗龍上變成快艇；田邊的小溪堵起來做水壩，放洪水往下衝，有當天神的FU；為金龜子綁條細繩，就有溜飛機散步的感覺……

飛機，對！就是飛機。

總之，有一天大概是「玩到沒東西好玩了」，我異想天開，竟想造一架飛機。

在那個什麼都缺的年代，我牽出媽媽賣玉米的腳踏車，把兩塊木招牌綁在腳踏車貨架兩端，當做是現成的機翼。

做這些事時，媽媽沒阻止，只淡淡交代：「黃昏前把車牽回來，我還要去做買賣。」

飛機先在巷道試飛，我的機翼一邊大、一邊小，因為那是爸爸撿別人不要的木板釘的，我勉強湊和著用。飛機騎起來不平衡，總會偏向右邊，我要很用力把它扶住，它才不會歪去撞牆壁。

那時也沒什麼流體力學的概念，飛機能動就開心了。

我在巷道裡試，巷裡的小孩全來了。我愈騎愈快，漸漸掌握心得，那隱隱的浮力（或阻力），讓飛機漸漸有往上飛的感覺。

「你在做什麼？」有孩子追著，邊跑邊問我。

「飛機，我在騎飛機。」

於是，更多孩子來了。我好像也看見媽媽站在人群中，她只看了我一眼，那一眼很複雜，像是想制止我，卻又強忍著沒說出口。

飛機終於來到斜坡頂了，從那裡可以俯看大甲市區。沿著坡道，站滿了小孩，不知道當年萊特兄弟駕機出發前，有沒有我當時的盛況。

「飛得起來。」

「飛不起來啦。」

人群裡亂亂糟糟，大家都在猜。我緊張得手心都是汗，腿也在微微的發抖，那年頭不流行倒數，我大步跨上飛機，全場歡聲雷動！（或是等著看好戲？）

我用力一踩，飛機巍巍顫顫的動起來。我用力把龍頭抓緊，飛機開始俯衝了！除了咻咻咻的風聲，我什麼都聽不到了。

咦，真的有飛起來的感覺，但一直沒起飛，直到飛機前輪撞到一顆石頭，它騰空了一下……

那一下下，我感覺到風的力量。飛起來，飛起來了！時間應該有幾秒，其實也有可能只是零點幾秒。

滯留空中的時間很不可考，但自由飛翔的經驗很難忘。脫離了地心引力的束縛，悠遊自在的迎向藍天、月球和宇宙，我真想大叫！

也沒錯，因為美妙的空中時光很快就變成往下墜落的災難片。坡底是一片相思樹林，「砰」的一聲，飛機著地了，沒倒，可是大招牌掉落了。我在樹林裡東扭西扭，雖然驚險卻沒撞到樹，直到它衝出林子，朝大甲牧場而去。

「哇啊……啪！」我和我的飛機，最後降落在收集牛糞的池子裡。當時如果沒那個池子，我應該是會再往下，飛進火車鐵軌上，如果碰上火車……

回家後，院子裡有水杓，還有一大桶水，是媽媽放的，她淡淡的說：「那兩塊招牌要記得去撿回來，別討債啊，我做生意要用。」

對吼！還有招牌。我一身牛糞的回去斜坡撿招牌，乖乖回家洗單車、釘招牌，一切好像跟出發前一樣，也好像感覺到有什麼不一樣了。

笨事的價值

有好一陣子，村子裡的孩子看到我都會笑的。幸好當年沒有臉書，不然我應該會榮登最糗、最呆的當週網紅。

至於身上那件制服外套，時不時會飄出一陣牛屎味，不管我洗過幾次，它總像在嘲笑我般，提醒我做過這件笨事。

這件笨事還在右腳留下一道傷疤，淺白的。如果我又冒出什麼瘋狂念頭，嗯，我看看它，想著，還是別讓媽媽擔心了吧。如果那天沒有牛糞池攔著，我直直衝下海線火車鐵軌，倘若這時剛好有列火車駛來，媽媽會傷心的。

每個男孩的成長，都這麼帶有冒險與幸運同在的成分嗎？那要多大的心臟才能忍住，由得孩子去探索、冒險、胡鬧，讓他自己去發覺，世間沒那麼美好，總有些許的運氣在裡頭。

這些事，我早早就藉著一架飛機懂了。

教養真的挺難的，怎麼讓孩子知道你愛他，卻又要表現出「孩子啊，你就勇敢去闖」的假裝放心模式，說真的，直到現在，我也還在學。

而那年，那個只交代我「別討債」的媽媽，卻早早就讓我在生活裡，自己想辦法解決難題，這不就像現在流行的「素養」嗎？

我媽當然不懂「素養」這麼流行的語彙，但是，培養出一個克服生活難題，找出生活樂趣，因而在一個沒有框架的環境裡，不斷學習、不斷前進的孩子，她卻很有心得。

02

功課寫好了嗎？

寫作業，是孩子的責任，
父母愈把作業放嘴邊，孩子愈不把它放心上。
如何讓孩子自動自發寫功課，
早日養成自主學習的好習慣？

上了一天班好累，回家打開門，赫然發現孩子賴在沙發上扮毛毛蟲。

「作業呢？寫好了嗎？」

「沒……有……」

長長的尾音，滿滿的不耐。

你的心頭一把無名火起：「還沒寫完？快去寫呀！」

「好啦……」毛毛蟲處於冬眠狀態，尾音愈拉愈長，身體動也不動。

終於，在你忍無可忍的破口大罵後，孩子百般不願的進到書房，開始與作業長期抗戰。

等到華燈初上，你已經整治妥當一桌美味佳餚，進到書房看孩子作業寫了多少？

「嗯……嗯……」孩子支支吾吾，連正眼都不敢瞧你一眼，你將聯絡簿拿來一看，天哪，四項作業只寫半樣，而半樣裡面還錯字連篇！

唉，每天都要和孩子這樣奮戰嗎？

如果孩子不能自動自發寫作業，親子相處只剩下作業的拉鋸戰，親子關係怎麼和諧呢？

別傷腦筋，我們來想想方法。

培養自動自發習慣要趁早

你家孩子若還在幼兒園、低年級階段，恭喜，你還有幾年的親子甜蜜時光，要好好把握。趁這幾年的黃金時光，孩子的功課量還不重，你可以籌備一個「打造完美小孩」的計畫。

孩子放學回家，招呼他，洗個手，弄盤水果、點心，陪他坐下來看看有哪些功課。你的笑容要甜美，點心要好吃，更重要的是，讀書寫字的氛圍要足夠，讓孩子明白：回家第一件事就是寫功課。

愈早陪讀，孩子愈早養成自己寫功課的習慣；愈早下工夫，孩子長大後依賴你的機會就愈少。

書房最好有窗，光線要明亮。寫功課時，放點輕柔的音樂。書桌上只留作業，書架上擺滿孩子愛讀的書。

低年級孩子的功課不多，很快就能寫完。即使五分鐘完成作業，你最好再揀本好書讀給他聽，儘量讓孩子維持回家有三十分鐘坐在書桌前的習慣。

遇到不懂的功課，陪著孩子找工具書，和他討論。總而言之，在孩子習慣養成前，你得讓他練習「遇到困難時，我可以得到哪些協助的方法」。

寫字的筆順對不對？看書的距離對不對？如何整理書包？怎樣打電話請教老師或同學？

還有寫作業的態度好不好？是一次解決一項作業？還是每樣作業都想摸，最後卻什麼都沒完成？

習慣養成的階段，你要辛苦一點，等孩子建立好習慣，態度對了，你就會很輕鬆了。

善用計時器，不必再生氣

在台灣，回家作業就像希臘神話裡薛西弗斯的巨石一樣，天天都有，無法逃避；不同的是，薛西弗斯的巨石是為了懲罰他，老師們出的作業卻蘊藏了希望孩子能溫習、預習功課的目的。

孩子還小，往往不懂得把握時間（也可能是還不懂得時間觀念），這時可以運用計時器來幫忙。現在的計時器功能愈來愈強，價格也不高，我家裡就買了兩、三個。

第一次使用計時器，先幫孩子測一次時間，做為參考的依據。接著，家長可以把孩子寫作業的時間，切割成二至三個「小節」，每個小節之間讓孩子休息一下。隨著孩子年紀漸長，適度拉長各小節的時間，略減休息時間。

每個孩子專注的時間不一樣，藉由計時器，可以幫孩子了解：只要專心做一件事，事情就能很快做完。

利用計時器，先要求孩子專心寫功課，再要求他全都要寫對，最後才要求他把作業寫得又快又好，循序漸進。

有了計時器，就不必一直守在孩子身邊。讓孩子在時限內，完成該做的事，習慣養成後，再讓計時器退隱江湖吧！

如果孩子已經升上中高年級了，回家還是拖拖拉拉寫作業，嗯，別擔心，還是有方法。

家長放手，但不放任

寫作業，是孩子的責任，父母愈把作業放嘴邊，孩子愈不把它放心上。想讓孩子自動自發的完成功課，先決條件就是：那是孩子的責任，不是父母的。

父母愈早勇於放手，孩子愈早把責任扛在身上。

所謂的放手，並不是放任。

家長是孩子背後支持的力量，當他山窮水盡疑無路時，父母就是柳暗花明那一村。鼓勵孩子勇敢去沉思，去練習，想方法自己解決。當然，你也應該讓孩子把卡關的地方記下來，把不會做、做了有疑問、想了卻找不到方法的作業，帶到學校去找同學或老師。

我就要求我們班上同學：回家做習題如果遇到不會的地方，一定要把推想過程記錄下來，雖然一時沒想到方法，可是自己有動過腦筋，隔天再找老師、同學，大家一起找出答案來。

學問、學問，要學也要問，利用做功課的機會，培養孩子獨立解決問題的能力，並找到解決問題的管道與方法。這種能力，會陪他一輩子的。

萬一孩子每回寫功課，都寫到很晚很晚，怎麼辦？

別怕呀，偶爾晚睡不是你的錯，他自己拖拖拉拉，隔天就得接受整天沒精神的懲罰；他作業亂寫，隔天老師自然會處罰他。這叫做「自然懲罰法」，除非他天天如此，否則偶爾讓老師替你教教孩子，這不就是我們送孩子去學校的目的？

同理心，讓孩子甘心練習

的確，很少孩子喜歡寫作業。在此，狹義的作業指學校功課；廣義的作業則包含安親、課輔、才藝班的練習作業。

試想一個畫面：上了一天課的孩子放學後，背著沉重書包，趕場上各種才藝、課輔班，回家還要寫作業，你覺得孩子快樂得起來嗎？

大人上班累，孩子上課也是會累，家長要有同理心，告訴孩子，你是站在他這邊的。像我都告訴女兒，拔鼻小時候也超討厭寫作業。

我們都很羨慕外國小孩的回家作業只有一點點，能夠享受快樂的童年；但是國情不同，學校、家長的要求不同，很難一概而論。如何才能把孩子培養成每天回家便自動自發拿出作業，而且寫得快又好，寫完還自動練琴、拉小提琴，閒暇時還能跳芭蕾、背《弟子規》？

這種超完美的小孩，應該只有夢裡才有吧！

既然大多數孩子都不可能是超完美小孩，何不由我們先卸下大人的面子，帶著童心，檢查一下孩子的各種額外作業：

英文重要嗎？鋼琴重要嗎？美術重要嗎？檢視一下這些額外的學習，有幾項是出於孩子的自由意願；有哪幾項是鄰居有、同學有，好像我們家也非有不可的「場面」才藝？

為了你的荷包，為了孩子的快樂童年，勇敢砍掉幾個吧！

安親、課輔也是，倘若這家安親班的目的是陪著孩子做完功課，再補充孩子不足的地方，而非「考試都要拿到全班全校第一」，就把它留著，否則應該慎重考慮的是：還要再增加孩子的負擔嗎？

想讓孩子快樂上學，快樂練習，就應該鼓勵孩子找到自己的興趣，也唯有如此，他們才肯為功課流汗苦練，衣帶漸寬終不悔。

你說你，想要逃，偏偏注定要繳交，老師出作業用心良苦，孩子要用心體會。

被薛西弗斯推動著的滾動巨石，是為了讓他承受懲罰，然而老師們出的每日作業，卻蘊藏了培養孩子溫習、預習功課的目的，同時建立孩子願意面對、解決困難的態度。父母和老師最重要的工作，是讓功課不會消磨孩子學習的動力，讓孩子成為甘心的「薛西弗斯」，從中獲得學習的成就感！

03

假期是自主學習好時機

如果學習是一列持續前進的列車，
暑假這長長的兩個月，
為什麼要變成空白的時間，
或是關進安親班裡蒼白的歲月？

多數的大人在小時候，都有開學前，拚命趕作業的回憶，一切只因長長的假期裡什麼事都不做，直到日曆翻到開學前一天，大叫一聲，這才想起來：「我的暑假作業呢？不，是我的書包呢？」

沒錯，就有孩子真的找不到書包，開學後，用這理由跟我說他為什麼沒有寫暑假作業。

我小時候也是趕作業一族。印象最深的是書法，那時的老師都會發一本書法簿，通常是柳公權或顏真卿的字帖，那年代還要磨墨。然而長長假期沒有老師盯的書法，交出去的模樣，基本上是鬼畫符。

也有人是例外的。

像我家娘子，她的書法啟蒙就來自那一本本暑假作業，她對書法有興趣，一本寫不夠，還自願幫同學寫，一天可以寫一本，現在可以當書法大師，其來有自。

或許你會覺得那是特例，哪有人會把暑假作業的書法簿，變成後來人生興趣的激發點。然而我還遇過另一個孩子，他喜歡旅行，每年的暑假作業就是和父母一起規劃旅程，旅途結束後還會做檢討與整理。

這個孩子長大後在海外公司上班，對他來說，童年的回憶就是那一本本純手工製作的暑假旅遊小書，因為這是按著自己的興趣而做，更是一家人最美的回憶，即使長大了，童年的旅遊時光仍舊伴著他的夢想繼續執行中。

歸結到重點，如果學習是一列持續前進的列車，暑假這長長的兩個月，為什麼要變成空白的時間，或是關進安親班裡蒼白的歲月？

作業是學習的助力非壓力

我當老師這麼久，也常想這問題：有沒有一種作業，既能讓學習持續保持動力，又讓孩子為它廢寢忘食呢？

有一年，我想到讓小朋友回家自製花燈，那是我童年的回憶，我兒時的家鄉有媽祖廟，每年的元宵節都會辦花燈比賽，所以，自製花燈就成了學校必然指定的寒假作業。

我特別喜歡這項比賽，每一回都會絞盡腦汁，花大量時間做花燈，雖然從沒拿過第一，但在製作的過程裡，卻自己學會骨架的搭製、布面的縫補膠合，還有電燈電線的連接。過程中遇到的種種難題，怎麼辦呢？有些我會找人問，大多是自己想，而且每一回的花燈競賽後，我還跑去廟裡觀摩別人的作品，也讓自己找到檢討改進的地方。

當了老師後，我理所當然也出了這樣的花燈作業。沒想到開學回來，效果慘不忍睹，很多孩子拿來的花燈是高岡屋的紙盒，裡頭擺根蠟燭就算完事；有的孩子拿現成的花燈，外頭貼幾張色紙，跟我說：「老師，我很有創意吧？」

還有一年我出的是自製動力汽車，這也是我以前愛做的勞作。書局有不少這種自製玩具車的書，我想小朋友應該會喜歡做了吧，等開學了，大家一起來辦場賽車，一定又好玩又熱鬧！

我滿懷希望的宣布這個作業，還跟孩子們介紹當年我做的幾款小汽車多酷，然而最後的下場，同樣淒慘。

歸結到原點，如果一切都是老師指定，當然缺乏引燃興趣的動機。小時候的我那麼主動學做花燈，現在想想，正好符合了時下流行的自主學習課程。

寒暑假其實是自主學習的好機會，給孩子機會學做學習的主人，讓他們規劃時間，決定主題，即使是原本老師規定的作業，也能從中找一個主題，往下延伸，往旁擴展。只因為，長長的假期是小朋友自我探索，最好的時光。

自主學習能激發學習動機

什麼是「自主學習」呢？它的理論在於，由學習者自己提出目標，根據目標設計執行策略，在過程中透過自我監控與調整，完成後，再回頭檢視與省思。照著這理論，我在暑假前對班上孩子公布：今年沒有指定的暑假作業。

想當然，教室裡歡聲雷動！

「但是，你們要自己設定暑假作業。」

「沒問題啊。」孩子們樂的呀。

「那麼，你們想做什麼作業呢？」

「啊……」歡樂突然暫停，教室陷入一片沉靜。好不容易終於有人舉手：

「老師，我只看一本書行不行？」那是個不太愛看書的孩子。

「行。」我問：「但你要怎麼證明你看了那本書呢？」

「我如果不要寫心得，畫畫可不可以？」舉手發問的也是個不愛寫字的孩子。

「行。」我一說，孩子安心了，全班也放心了，一個個提出自己的想法，因為這是第一次這麼自由的自訂作業，有些主題或許訂得太大，有些主題訂得太過容易，事情總要做過才知難易啊。

暑假中，學校有兩次返校。我利用每次返校檢查進度，一方面幫忙監控，一方面也和小朋友討論、做調整。結果那年開學後，小朋友繳交的作業呈現出很大的不同！

因為是自己想做的作業，題材多元，做勞作、運動、學煮菜的都有。

因為中間有老師幫忙監控與調整，大多數孩子都完成了，而且上台報告時，也充滿了信心。長長的暑假，變成一次豐盛的學習饗宴！

家長在家裡，一樣可以這樣做的。

讓孩子在假期把作業完成，本身就是一項自律的作業。自己訂出目標，每天做該做的事，這樣的習慣是可以後天練習而來的。

當然，如果孩子一開始的目標訂太高，家長也不用擔憂，因為過程中的自我監控能檢視目標能否達成，若發現目標訂太高，那時再來調整執行的方法與目標。

像我們班上有個女孩，她想要當漫畫家，所以自己訂了個目標：每天要畫兩頁的圖。兩頁看起來不多，剛開始也都有達成，但隨著假期一天天過去，她的動力漸漸喪失，返校時發現執行不到一半。幸好父母在過程中和她共同討論、給她建議，由原本的睡前完成，改成早上先把作業做完再出去玩。結果，因為流程的改變，她調整心態與作法，後來開學時果真完成一本精采的漫畫。

除了父母的協助，善用同儕合作也是好方法。幾個想做繪本的孩子決定組個工作坊，假期中自己約定了，每週找一天去同學家做作業。開學回來，他們交出來的繪本都很精美，因為動用了合作學習的機制，會畫的幫忙不會畫的，會寫的幫忙不擅長寫的，什麼都不太會的，至少幫忙給意見、學欣賞。

我沒教過他們什麼合作學習的機制，但孩子們在做中學裡，自己摸索出來這學習方式。所以，何不把家裡的客廳打開，歡迎孩子的同學進來，那種同儕在假期相聚幫忙，完成一件事的喜悅，是比在學校上學還要快樂的。

自主學習怎麼做？

首先，要「設定目標」，由孩子依照他自己的興趣決定目標。

如果是第一次做，可以把目標訂得小一點，或者把一個大目標切成數個小目標。比如孩子想要做城市的模型，就可以先設定用三天做一棟大樓。三天的時間短，一棟大樓的目標不高，短目標容易達成，也比較容易知道孩子的執行力到什麼地方，建立好信心後，下次就可以挑戰難一點的目標了。

第二，要「尋找策略」，孩子設好目標後，家長可以幫忙做口頭的檢視。問問孩子：這個作業要怎麼進行？時間怎麼分配？預計幾天完成？有沒有需要準備哪些器材，不足的部分該怎麼辦？

口頭問過，孩子心裡比較有譜了，知道什麼地方不足，目標設得恰不恰當。原本每天例行的作業必須擺在第一位，先做好該做的第一件事，例如練琴、寫作業、整理房間等，做完再從自由時間裡來達成目標。

第三，要「監控與調整」。計畫開始進行了，家長可以一兩天後就和孩子共同檢視，看看剛開始訂的目標難易是否適合，策略和目標有沒有需要調整的地方。目標若是訂得太高，可以問問孩子該怎麼調整，讓孩子練習自我監控。

最後，要「省思與改進」。自主學習最後就是要驗收成果，請用正面的態度去鼓勵孩子，幫助孩子看見自己的進步與努力的地方。家長看待孩子作品的眼光，將會決定他下次願不願意花更多心思在作業上的動力。如果家長很認真看待，把作品展示在客廳，秀給爺爺奶奶看，孩子也會更願意花精力在下一個作品上。

就算失敗了，也是最好的學習機會，請孩子想想，什麼地方沒執行好，是目標太高？難度太大？別讓孩子用能力當失敗的原因，那他極可能因此放棄學習。

培養自主學習與思考需要時間，不是一次寒暑假就能立竿見影，即便是虛度了假期，也可以從同儕的分享當中，慢慢找出自己有興趣的事物，甚至學習到虛度光陰也是需要付出代價的。

附上幾個有創意的自主學習作業，歡迎小朋友拿它來加深加廣做練習。

研究一學習不止在課堂

住家附近有行道樹、有小公園，請小朋友利用手機拍照，查資料，和它們合影，整理成圖文並茂的報告吧！

讀讀《十萬個為什麼》之類的科普書，挑兩樣有興趣的生物或機器去實地觀察。或進圖書館、上網查閱資料，寫出科普類的短文，若能搭配文字加入圖片更好，然後勇敢投稿到《國語日報》。

設計一家鄉的一日遊

整天關在家，孩子不瘋我先瘋，想出門玩總要做功課，家鄉一日小旅行、爸媽老家一日輕旅行，這項作業可以讓孩子一次學會多樣能力。

經費的規劃、行程時間的掌握、旅遊景點的豐富變化、向人介紹的表達。設計得好不好？嗯，按表操課一次就知道。

心智圖一人生不再一團亂

想讓孩子對社會科有興趣，請他們找一項主題做研究，比如歷史人物、某個關鍵年代、某個未來想去旅遊的國家……讓孩子依照主題做一系列的影片、書籍或資料蒐集，最後做成心智圖。

透過心智圖，一方面對雜亂的知識做整理，一方面加強未來學習的背景知識。自主學習，完成挑戰，這是給孩子長長假期最好的禮物。

閱讀｜找點樂子

把讀過的書寫在卡片上，一張張貼起來，就成了智慧的高塔。看看一個假期下來，能不能讀得超過自己身高；怕閱讀品味太單一，可以找同學相互指定閱讀的書籍，或玩換換書的活動。

數學｜選擇的數學作業

我們常說學問來自生活，想培養孩子數感嗎？請讓孩子學習在生活裡發現數學，每天把它記錄下來；想出門旅遊嗎？讓孩子充當旅程規劃師與財務精算師，把記帳工作交給他；每天，找一題生活裡的數學問題……

生活中有了數感，人生就多了很多選擇的樂趣呢！

習慣｜養成一項好習慣

讓孩子選擇一項有興趣又想改變的事，例如運動、早起、做家事、閱讀……，它可以是一件事，像是看一本書、為家人朗讀，也可以是套餐的組合，像是跑一公里加騎單車，或是七天不上網加寫日記。

孩子能專心做一件小事，並持續一段時間，就是珍貴的學習。如果家長也能一起參與，長假將成為親子最難忘的時光！

04 作文有絕招，孩子不苦惱

我們的人生太需要寫作了，別說是那些靠筆桿子吃飯的行當，就連寫自傳、寄伊媚兒、寫情書跟辭職信，都要靠寫作來幫忙。如何引導孩子寫出一篇好作文？

我剛當老師那幾年，很期待戶外教學。平時在學校的日子挺單調的，上課下課，離不開校園的水泥大樓間。難得帶孩子出門，立刻轉換視野，多元感官接收不同的刺激，那是小朋友練習寫作最好的題材啊！

當年，我會出張戶外教學學習單，讓班上小朋友邊玩邊記錄，有時還讓孩子們找個涼亭坐下來，畫畫圖，「玩」成一張豐富多采的學習單。

這方法好嗎？其實有點自找麻煩。

孩子明明玩得挺高興的，偏偏有個老師在一旁提醒：這棵樹美不美，形容一下吧。那朵花好可愛，知道是什麼花？說真的，這種玩法，很掃興吧！

如果玩的時候不提醒、不寫學習單，回校後寫篇作文如何？小朋友在課堂上回憶得笑聲連連，一喊「開始寫」卻愁眉苦臉，作文真交出來，幾乎千篇一律，都像從作文範本抄來的。

怎麼會這樣？明明出去玩了，那天活動安排得很有趣啊，就像假期時帶孩子出遊，回來請孩子寫篇文章做紀錄，是不是結果也一樣？

原因就出在：動機不足。

人生何處不作文

想想，我們從小到大上了多少堂作文課，有沒有因為多上一堂、少上一堂就讓作文進步或退步？

沒有吧？

作文也很討厭，因為會考要考、指考要考、想當公務員也要考，你不會作文還真不行，可是學校裡，最缺乏一貫教學系統的，就是作文。

沒有作文的系統教學！

翻翻孩子的課本，哪本課本專講作文？沒有！

古人說，文無定法，意思是寫作要有創意，沒有固定套路。這件事往深裡說，就是作文永遠沒有一百分，寫再好也會有人比你更好；往另一方面說，既然文無定法，那麼怎麼寫都行。

也就是，只要孩子肯寫就行。

我們人生太需要寫作了，別說當作家或廣告文案那種靠筆桿子吃飯的行當，寫自傳、寄伊媚兒，甚至情書跟辭職信都需要靠寫作來幫忙。

這些文章生活上都用得到，人人都得寫。因此孩子學作文時，如果能營造這種「用得到」的情境，小朋友自然就會拿筆來寫。

所以，與其戶外教學回來後寫，倒不如提前寫。例如我訂的題目是：

這次戶外教學，我想去（　　）玩。

這題目一出，全班都歡呼了：「真的嗎？讓我們自己決定？」

我點點頭：「只要你能說服得了我。」

那篇文章，孩子們都寫得興致盎然的。平時覺得寫作苦不堪言，現在為了出去玩，努力查資料、和同學討論找理由，把遊樂區形容成人間仙境，遊樂器材每樣都是百玩不厭的極品，對比玩回來再寫的文章，真有天壤之別。

只是改個順序，孩子因此有話可說。

現實生活裡，孩子會跟老師吵作業量太多，跟父母商量零用錢能不能增加；提到能不能帶手機來學校，每個孩子更有一肚子話要說。

與其讓他們只用嘴巴說，不如請小朋友寫下理由來。

為什麼要增加零用錢？

家裡養狗的十大理由。

我們家電視使用規則。

下回孩子來跟你抗議時，請他寫吧，只要創造需要的寫作條件，孩子有了動機，寫什麼都願意的。

抄範文也能見賢思齊

作文要好，長期之道是多閱讀。讀書增加知識，充實肚裡的墨水，所以增進寫作力最根本的方法，就是靠「書」。但是，眼看孩子現在都寫不出來了，他和你互相大眼瞪小眼也沒用，怎麼辦？

最快的方法就是讓他「抄」。

真的是「抄」哦，你沒看錯，但「抄」是有方法的。

對一個沒寫過幾篇作文的孩子來說，如果他連作文格式是什麼都不懂，最簡單的方法就是讓他抄一篇作文。舉例來說，如果老師出的題目是「我的家」，你就找一篇「我的家」範文讓他抄，抄完了，文章基本格式也學會了，你也不用氣到大聲小聲。

不過，抄之前記得提醒小朋友，那是別人寫「我的家」，你的家跟他不同的地方，記得一定要改過來，不然就鬧笑話了。例如把「我的媽媽」改成「我的爸爸」；把「我愛春天」改成「我愛秋天」。總之，與其讓孩子亂寫，還不如好好抄改一篇好作品。

邊抄邊改是最低層次的抄，這樣的抄有個好聽的名詞，叫做「仿作」，仿作可以仿全篇，也可以仿一段。別擔心讓孩子抄，因為抄的時候，他也在學習作者的語感、句子的用法、分段的方法，孩子都在從抄裡頭學習。

仿作也可以練習改文體，例如把詩歌改成文章，把記敘改成抒情，這是更高竿的仿作。

還有一種仿作，特別適用在學校裡。如果你是老師，可以讓孩子仿作課文，畢竟課文是作家寫的，取法乎上，這又比抄作文範本更好一點，而且課文在學校都上過了，孩子會更了解作者為什麼要這樣寫。

總之，長期想讓作文好——多閱讀。

短期想讓作文提升——仿作「好」範文。

讓孩子有動機想寫

抄、改、仿寫作文是速成，只是速食麵不能當正餐，想讓作文好，還是得回歸到正餐。想想，如果今天老闆讓你寫一篇〈台北捷運的改善方法〉，怎麼辦？

如果你是捷運族，你一定有很多意見。

如果你是捷運公司的人，你也會有很多話想說。

可是我們住中南部和東部的人，根本沒什麼機會搭捷運，怎麼辦？如果是我，我會上網找資料，去圖書館找點書，問問人，或者找機會實際多搭幾次。

回頭想想小朋友寫作文，才幾歲大的孩子要在短短一兩節課內，硬生生寫一篇文章出來，你說，難不難？讓我們大人來寫可能都勉為其難，又怎麼能要求孩子在這麼短時間寫滿寫好？

我自己寫稿子，也是經常遇到毫無靈感（或題目我根本沒興趣）的時候。那時怎麼辦？我通常會把稿子放下，去找找資料、找人聊天、喝杯咖啡、散個步照常過日子，等著靈感跑出來；當然我也有很多時候會交稿了事，交一篇自己完全臉紅的文章，但沒辦法，截稿日真的到了，總不能開天窗。

小朋友寫作也是這樣。當家長發現孩子正面對一個他沒有靈感、沒有感覺、沒有經驗的文章，和他耗在書桌上是最笨的方法（孩子沒靈感、沒感覺，大人愈罵他只是愈僵、愈抗拒）。

家長該做的事是：讓孩子有動機想去寫。培養孩子找資料、找靈感的方法，或是運用過往學過的一切，來挑戰眼前的空白稿紙，這是他為寫作打下基礎的第一步，更是培養孩子未來面對任何題目都不怕的必備工具。

不讓孩子想到作文就害怕

五年級的孩子，作文該寫幾個字？

這個問題見仁見智，有人說五百，有人說四百。不管多少，這多半是老師或家長規定的。既然是規定，有的孩子知道，把詞語拉長，把事情講得詳細點，多抒發點想法或感覺，就能湊到四、五百字。

然而，很多孩子沒受過這種訓練，他不懂如何根據大人的需求做調整，因此最多只能擠出兩百字來，怎麼辦？你氣到吹鬍子瞪眼睛，氣到撕簿子，這樣孩子的作文就會變好了？

不如，仔細讀讀孩子的文字，試著找出「短篇作文」裡的優點，鼓勵他可以往哪個方向繼續寫？

再說了，短短的文章，就不是好文章嗎？

李白的〈春夜宴桃李園序〉，全文只用了一百一十九字，卻被形容成無句不奇，無字不美。重點不在文章長不長，重點在文章寫「好」了嗎？

所以，如果孩子目前程度就是寫兩百字，你應該問的是，他寫「好」了嗎？

寫得**條理分明**？

文章裡有**想像力**？

有沒有**創意**成分在裡頭？

一篇作文好不好，我會看這三點。或是先降低標準，不要給彼此這麼大的壓力，告訴他寫多少、算多少，把字數壓力先去掉，讓他面對空白稿紙沒那麼大的負擔。

一般我是用這句話跟孩子說的：「寫吧，給你十分鐘寫，多了不算哦！」相信我，很多孩子真的會在十分鐘，寫出很棒的文章來。

再換個角度想：今天上班，老闆突然提出要求，要你在一個小時內，寫個五百字自傳來。

一個小時？相信你面對空白稿紙，剛開始心裡一定也很慌，然後你會運用之前的經驗，開始構思如何布局，然後動筆寫看看，如果不夠字數，就再往哪裡增加篇幅。

你會這麼做，是因為你寫過不少文章，經歷不少這樣的訓練。然而孩子還不會這麼做，因為他們這方面的經驗沒我們多，所以記得給孩子支持，他下次會比這次更好——如果不讓他想到作文就害怕。

避免流水帳

批改孩子的作文，時常看見通篇流水帳，一直在然後來、然後去，每句話都是短短的流年體：

我們開學了，然後去掃地，然後集合了，校長就講話，然後放學就回家了，我好開心哦。

看了這文章，先別生氣，真的，我也是深呼吸好幾次，這才有心情往下看。我記得我是先稱讚孩子記性真好，能把開學日的事都記得一清二楚，以後學校的校務日誌應該請他來寫才是。

再差的文章都能找到一個好句子，從那裡開始，先肯定孩子的努力，他會比較容易接受你的下一句。至少至少，孩子有觀察力，才能記得這麼清楚啊！

然後，讓孩子把他的「帳本」拿來放聲朗讀一下吧。多半只要唸個幾句，他就會知道自己用了太多重複的詞，記了許多無關主旨的句子，而且，少了好多好多細節的描寫。

對，讓孩子去檢視什麼是真正需要仔細描寫的句子，以及什麼是可以刪掉的不必要句子。這其實回到寫作為什麼要訂大綱的初衷了。

很多孩子先學訂大綱，但是卻不懂為什麼要訂大綱。如果你把順序變一下，先寫流水帳，再由此教大綱，學統整合併的功夫，孩子從錯誤裡學習，是不是反而難忘而且容易呢？

最後，最重要的一點是，千萬、千萬、千萬別讓孩子把寫好的文章擦掉。擦掉文章，孩子會很沮喪，而且擦掉之後就沒有證據了啊（哈哈）。

把證據留下來，做下回進步的依據！

每個人的進步，都是這樣一點一滴持續努力來的，作文更是。

05 最有用的數學

我們教孩子的目的，是為了不用再教他。數學也一樣，大人要多花一點時間和耐心，引導孩子去發現，數學的規律與美。

讀書時，學校後門有家溫州餛飩麵，便宜又好吃。但這不是重點，重點在掌廚的丁媽媽，她的動作俐落，杓起麵落，一氣呵成，每回看她煮麵就像在看一道美麗的動態風景。

最佩服的是丁媽媽算帳的功夫。當年沒有營養午餐，我們一大群小朋友總在中午時分擠到麵攤前，人多要求多，這個大滷麵加蛋，那個餛飩麵不要餛飩，這邊是四人結帳，那邊內用外帶一起算。可是即使這麼忙、這麼亂，丁媽媽卻像一台人形計算機，在煮麵、端麵間不容隙的片刻，仍把一切計算得妥妥當當。

我們曾好奇問她：「妳是不是數學博士？」她在麵煙與菜香間，連頭都沒抬：「什麼博士，我才小學畢業。」

當年真的還沒實施九年國民義務教育，很多人是沒讀國中的。聽了她的話，我們幾個咋咋舌，對她的佩服就如同那碗最愛的餛飩麵。

等我自己教書後，對小學教的數學有比較深的認識，這才發現丁媽媽說的話不無道理，我也常舉她的例子給孩子們聽，告訴他們小學教的數學最有用，因為你一輩子都會用得到。

日常生活所用的數學，基本上都在小學學過了。你不相信？想一想，四則運算、分數加減、簡單的幾何形與時間、比率等等，是不是都是在小學學的？是不是天天都在用？

甚至於，只要把四則運算學好，就可以開店做生意，就像丁媽媽一樣。每回我一說完，我們班的孩子總會露出一臉笑容，彼此告誡：原來小學數學這麼有用，一定要好好學，至少長大開店賣麵去。

教室外的數學課

有一回帶班上學生去比賽，回程順道去用餐。吃完飯，我請孩子去結帳，順便提醒記得要發票，可是店員面有難色，因為他們沒發票。

「給我們一張收據也行。」我向小朋友示範如何跟店員交涉。

「我問問店長。」店員走了，店長來了。他左手刺龍、右手刺鳳，神情豪爽的說：「二百六十五元，收據哦……」他左找右找，終於找出收據，拿了一枝筆準備寫字。

「二百六十五……啊這個二百六十五哦……」店長的筆停在半空，低頭把收據翻了又翻，半晌後，他抬頭看看我們，我們則睜著大眼望著他。

店長看起來有點不好意思的拿出手機，我以為他想要重新算帳，但又好像不是。最後，他笑了：「就是這個貳，我忘記怎麼寫了。」

店長終於寫完了「貳」，可是接下來「陸」又有問題了，他自己搔搔頭，又拿手機找了又找：「啊！就是這個陸。」

臨走前，豪爽的店長很豪爽的送小朋友一人一把糖，說：「要好好讀書，不然連貳和陸都不會寫，啊人生就貳貳陸陸了……」店長的話，讓我們印象深刻。

數學要學得好，「數感」不可少。

賴以威老師提倡的數感，其實就是要讓孩子在生活情境裡「看見數學」，漸漸的就會「喜歡數學」、「活用數學」。我們的生活離不開數學，如果能在生活情境裡發現數學，會讓我們做事更有方法與效率。

我喜歡帶學生去外頭，因為外頭的世界比教室大多了，例如超商，超商極適合用來上數學。像孩子們經常收到禮券的鼓勵，手裡有張百元禮券，進店就要先估算，然後想辦法在可能的金額內，湊到最接近一百元的商品。

這就是數學，天天都要用上的。

現在的人用悠遊卡習慣了，少了找錢的麻煩，但在小攤販買東西還是要付現金的，想讓孩子的數感加強，就要多找機會讓孩子去結帳。

別以為現在有計算機，還是有不少店員會找錯錢，例如金額是一百七十四元，給店員兩百元後，店員準備找你二十六元，你又從皮包翻出四塊零錢來，沒騙大家，上回有個店員就跟我說：「先生，你這樣我很難算耶！」

讓孩子在生活裡練習計算，他們的數感就會慢慢培養出來。

生活裡的數學

即使天天在算錢，數學也不一定好。

班上有個孩子家裡賣紅豆餅，假日也常常去幫忙，照說做生意的孩子，數學應該好，沒想到那種很基本的四則運算，她卻經常卡關。

65＋35掰著手指數半天，勉強算出100來，再讓她乘50，還要用紙筆算半天。我好奇了：「如果有個客人買三個紅豆餅，三個綠豆餅，那是多少錢？」

「老師，沒有綠豆餅，只有奶油餡的。」

「那三個紅豆餅加三個奶油餅，一共多少錢？」

她想也沒想，張嘴就說：「150啊，紅豆和奶油一樣錢，所以一組是50元，買三組所以是150元。」

「那妳就把前面題目想成是紅豆和奶油，一共買五十個。」

「可以這樣算啊？」

「當然可以啊。」

現在講的「數學素養」，其實就是要在生活情境裡出題。其實，早在這種理念提出之前，有一陣子我們班的數學課，就經常在紅豆、奶油和高麗菜餡之間打轉。

賣紅豆餅的孩子天天都在算錢，卻沒把它跟數學做連結，原因無它，算錢是有單位，教室裡的數字已經抽象了，中間有個落差，這還是需要提醒並做轉換。但只要把這一階給踏上去了，孩子就能想通這道理：數學其實就來自生活，因為天天都在用啊！

數學可以拿來玩

數學怎麼玩？我們家長途搭車時會玩計算車牌。路上經過的汽車都有車牌，如果家有低年級的孩子，可以比誰先把數到的車牌加總好；學了乘法的孩子，可以比誰先算出乘積；若是上了高年級，能把車牌號碼用四則運算組成任意數，例如10或20。每回家庭旅行，比賽算車牌可以減少孩子滑手機的時間。

如果是搭大眾交通工具出遊，台鐵和客運公司都有梯形的票價表，出發前先把它和台灣地圖列印下來發給孩子，不必買桌遊，就能給孩子出任務。例如：如果身上有一千元，至少要下車四次，該怎麼設計行程？

這種實務題很受孩子的歡迎，原本看不太懂的梯形圖，孩子必須去弄懂，它還結合了社會課的地理與歷史。如果要難度再高一點，還可以要求孩子去查時刻表，這又多了時間的計算。當然，等小朋友真的排好行程，一定要去實際玩一趟，孩子會更愛這樣的數學。

另外，還有一種數學課很受歡迎，那就是烘焙。

中式料理比較抽象，單位都是少許、一些、半匙……，我幾乎從沒成功煮好料理過。可是西式烘焙不同，烘焙食譜上的單位都要求很精確，那些公克、公升可以讓小朋友體會「量感」；烘焙的計時則讓孩子深刻體會「時間」；最後，等待出爐的時間，又能讓小朋友學會「延遲享受」，如果把採買時的計算都加進去，這樣一堂數學烘焙課，是不是很精采呢？

別忘了，家庭烘焙課還有一樣額外附贈，那就是親子相處好時光，這可是千金難買的！

留給孩子去發現

這是一幅常見的家庭場景：大人看孩子在算數學，明明就是很簡單的加減乘除，怎麼一直卡關在上頭，於是當大人跳下來指導時，心一急便開始心裡冒火，孩子就開始淚眼汪汪。

其實我們大人常忘了自己也曾是個小孩，忘了當年怎麼被這種題目給考倒。不信，你讓六年級孩子回去看一年級數學，他們一定冷哼一聲：「這有什麼難的？」

當我們忘了自己曾是個小孩，就會忘了面對陌生數字的無助感。

試著把心態調整一下，去同理孩子面臨的處境。有時孩子不是不會，而是同時出現了兩、三道難關，使他無法同時整併。這時該怎麼辦？我會教孩子學習把題目簡化。例如：用簡單的數目字暫時取代困難的大數、小數或分數；也教孩子把兩步驟的數學題，改成一步驟、一步驟來做。

我們教孩子的目的是為了不用再教他，所以，大人要有耐心的把簡化題目的方法教給他，下回再面對困難數學題時，請他說給你聽。再多實際演練幾次，把簡化題目變成孩子面對數學時的基本配備，他就會減少許多無謂的焦慮。

小朋友在學習數學時會遭遇很多困難，其中一個主因就出在他們對數學非常「沒感覺」，而這種感覺有時需要大人多花點耐心，讓孩子去發現那種數學的規律與美。例如：當他們數到99，學會往上加1是100，再加上1是101時，他就會很樂於往下一直數、一直數；例如：學會2乘任何數都是偶數時，孩子就會一直找，把任何生活裡找到的數都拿來乘，然後告訴你，你看，每一個數乘2都是偶數。

那種發現的快樂，請留給孩子。即使多等待一下，那是學習數學時，不可取代的快樂！

我們每天的生活都離不開數學，記得要時時與數學面對面。

現在的數學課程強調理解能力，希望孩子遇到問題能自行脫困；注重能應用於生活情境的數學，要孩子有帶得走的能力。歸根究柢，父母要培養的不是孩子的計算能力，而是解題能力。更重要的是，讓孩子從不斷的解題、脫困中，建立起數學概念與能力。如果能讓孩子透過數學，培養起喜愛思考、願意面對困難、動手解決的能力與特質，即使答錯了，也是很寶貴的經驗！

06 畫心智圖，從此不再「黑」社會

孩子老嫌社會課枯燥，該怎麼辦？
想提升社會科成績，
非得靠生吞活剝、死背硬記嗎？
關心時事、善用聯想，
從此不再「黑」社會！

《可能小學》這套系列書是我寫的，裡頭囊括了台灣歷史、中國歷史、西洋歷史。常常有小朋友問我，當年為什麼會寫《可能小學》？一切的源頭，其實出在當時我帶的班。

那年我帶的班，小朋友功課都不錯，唯一擔心的就是社會課。他們考出來的成績，真是讓人看得頭皮發麻，臉上不時要冒出三條黑線；讓他們講講社會課都上了些什麼，一個個支支吾吾講不清。

學校的社會科通常由校內最年高德劭的老師來任教，他們的學問最好，人生歷練又夠。那時我經常經過社會科教室，看到我們主任在台上循循善誘，把他一生的精華，全都濃縮在那短短的一節課裡，而底下的孩子如沐春……

不！底下的孩子在春風裡昏昏欲睡。

明明主任的課都講得很精采啊，怎麼會這樣？

孩子們指著課文給我看：「好…難…哦……」

我接過來，嗯，也對啦，光是一個明鄭，主任就要先解釋什麼是「明」，什麼是「鄭」，再來一個荷西，又包括了荷蘭和西班牙，如果加上大航海的時代，說真的，每一個小地方都可以單獨講上一整天，如果平時沒有養成閱讀的好習慣，事先補充這些背景知識，那些零碎又重要的課文關鍵字，真的會讓孩子在裡頭迷糊打轉。

為了幫忙我們班上的孩子喜歡社會，我開始寫《可能小學》。

想讓社會一科變好，請多多鼓勵孩子讀點課外書。我記得當年我讀了《鹿鼎記》，從此對康熙特別有興趣，上到清朝的歷史時，不用老師教，我已經把康雍乾三代弄得很清楚，原因無它，《鹿鼎記》是我對明末清初時代的歷史啟蒙，因此再讀起課本時便毫不費力。

而現代更方便，網路有很多歷史類、地理類的影片可以看，多讀書多看片，是增加社會科學習力的第一步。

三步驟，打破社會之壁

如果你曾看過孩子的社會課本，會發現裡頭圖表多，照片也多。課文雖然不長，但是因為要濃縮歷史、地理和公民，只好在小小的篇幅裡擠進鄭成功反清復明的志業。哇！光是明鄭的故事，有人寫了幾十萬字的小說，怎麼放進薄薄的課文裡？

社會課本不是故事書，它在這麼精簡的課文裡，包羅萬象，幾乎每一段都是人類的社會精華，把任何一處解譯出來都是很棒的故事，但是難也就難在這裡。孩子面對這麼龐雜的資訊量，除了專心聽老師講，更重要的在於自己該怎麼讀。

我是這樣要求孩子讀的：

第一，把標題當成指路的燈塔。每一個標題都是每一單元的重要提示，小朋友看著標題，便可以預測它要說什麼，等到讀完之後，小朋友可以自己再複述一次這個單元在講什麼。聽老師講是短期記憶，自己講是中期記憶，講個三次後就成了長期記憶！

第二，先不忙著看課文，先看圖。圖表和圖片很重要，很多考題都從這裡出，目前「素養導向」的命題趨勢也很喜歡出圖表題，一張好的圖表要能讀懂它的符號，也要能讀出它沒講出來的話。

第三，最後才讀課文。課文讀完，把課本闔上，自己整理一下重點。整理重點時，不要一邊看課文、一邊整理，而是整理到一半，發現什麼地方沒寫清楚，這才回頭看看課文（無形中，又多做一次複習）。日後再閱讀自己整理的筆記，可以快速複習。

學做心智圖

社會課本裡有不少課文是涵蓋大量資訊的，這時我會在課堂上教小朋友做心智圖。上完課之後，小朋友便要依照上課內容，交出一張心智圖。

這張心智圖可以是「樹枝圖」，也可以是「魚骨圖」。其實心智圖並不難畫，什麼時候畫什麼樣的圖，也沒有硬性的規定，家長如果有興趣，網路上有很多心智圖的教學，不妨學個幾招，教孩子應用。

一般來說，最簡單的心智圖是「圓形圖」，它用來定義某件事，例如《民法》是什麼，交通安全法規包括哪些。

若是一個概念想做更好的分析或描述，可以把「圓形圖」做分枝，成了「氣泡圖」。比如我曾讓學生做台灣地形的氣泡圖。

兩個概念間，彼此有相似的地方，可以用「雙重氣泡圖」，這也有點像交集與聯集的應用。你可以讓小朋友比較明鄭和荷西對台灣人的態度，也可以做不同傳教士對台

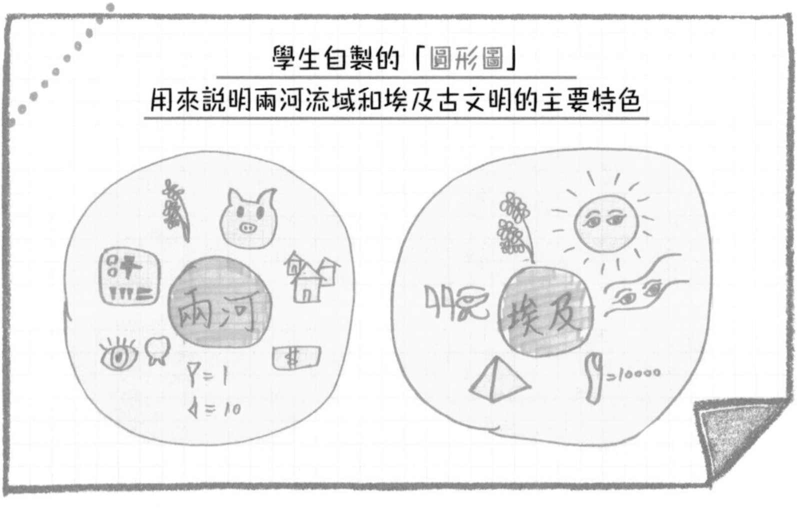

學生自製的「圓形圖」

用來說明兩河流域和埃及古文明的主要特色

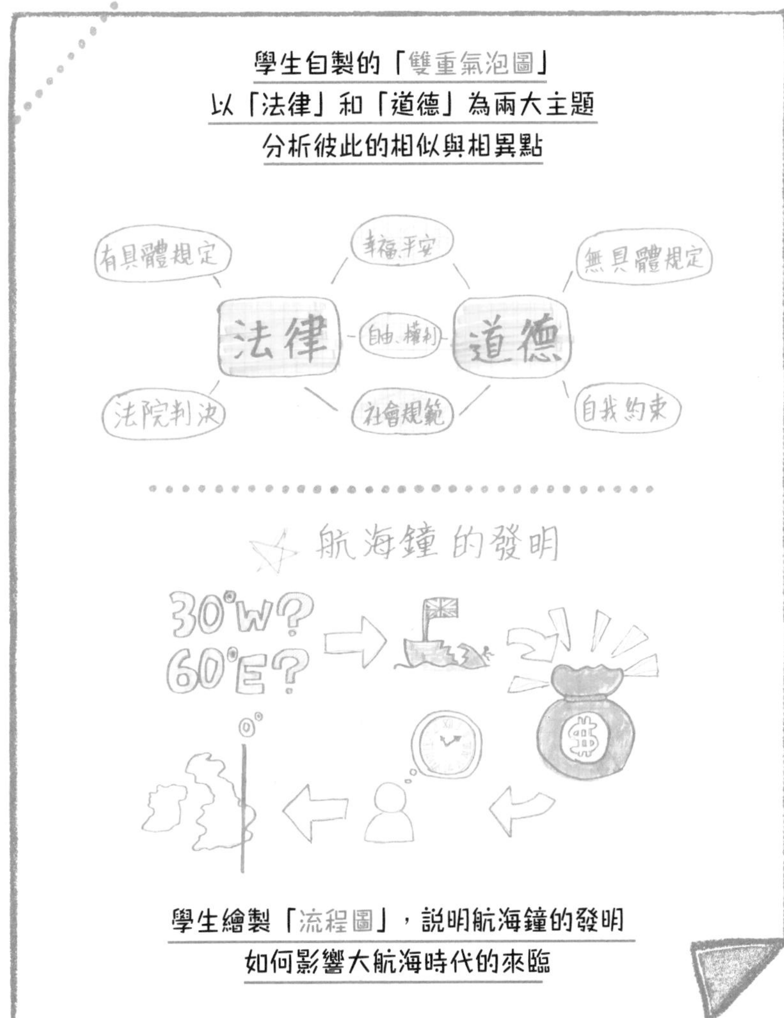

學生自製的「雙重氣泡圖」
以「法律」和「道德」為兩大主題
分析彼此的相似與相異點

學生繪製「流程圖」，說明航海鐘的發明
如何影響大航海時代的來臨

灣的影響。

如果是一連串的事件，彼此有連鎖反應的，例如鄭成功與荷蘭人之間的歷史，「流程圖」是不錯的選擇。

一般我們最常用的是「樹枝圖」，也相當合適用在寫作文上，缺點是要花大量時間去製作。通常上課時沒那麼多時間做這麼細的架構，我也不建議讓孩子耗費大量精力在這上頭，除非要做的概念特別大。

做心智圖時，我會給小朋友幾個小提示：

1. 主要的圖示要跟內文有關。例如講到船，若能畫艘船就更好了。

2. 能用符號就少畫圖，能畫圖就少寫字，能用一個詞就不用一句話。

這兩個小提示的意思是，讓小朋友透過整理心智圖，快速的把重點整理成自己看得懂的圖。

和孩子聊時事，培養社會感

讀語文要有「語感」，學數學要有「數感」，其實社會一科也一樣，能有「社會感」的孩子，一定是個對時事很敏感的孩子，當他聽到某些新聞，腦海裡馬上會浮現一張圖，帶他迅速穿越時空。

當澳洲發生大火了，有社會感的孩子會知道，澳洲在南半球，我們這裡冬天那裡剛好是夏天，他們有大片的沙漠。近年的溫室效應讓地球暖化，他們立刻可以想到森林裡的動物會大量死亡，對照到台灣，溫室效應對我們又有什麼影響。

政府公布一項政策，例如酒駕的處罰，有社會感的孩子能聯想到，是不是因為酒後駕車的人多了，造成很多事故？這條政策倘若真的執行，對酒駕行為是否產生嚇阻作用？對交通事故的頻率能否降低？

這種時事的敏感度，是社會感的第一要求，你可以常和孩子談時事，聽聽他們的想法，他們或許想法很天真，卻能藉由關心時事來關心社會與世界，知道世上發生的每件事，都和我們息息相關。

好奇心能增進孩子對時事的關心。當孩子提出問題，大人千萬別以忙做藉口，抹殺了孩子的好奇心，家長的傾聽能讓他們更有興趣，家長的鼓勵能讓他們更願意去找出答案。

每一個好奇的背後，在自我探詢找出答案的過程，都在無形中增進孩子對這大社會的背景知識，當孩子再打開課本時，就不會覺得像在讀天書了。

想考高分要靠「背」？

台南赤崁樓附近有碗粿，更有不少石碑。

如果你帶孩子去赤崁樓，別光顧著吃碗粿，更該進去讀讀石碑。石碑就像穿越時空的信，上頭有好多故事，能發思古之幽情，能讓小朋友迅速把現在與過去連結在一起。

帶孩子讀萬卷書、走萬里路的同時，我們總會抽空去博物館跟歷史古蹟處走走。父母是最好的解說員，即使你對當地認識不足，也可以請小朋友事先做功課，轉個角度，換他們來解說。

這是最好的親子旅遊，既有感性，更有知性的成分。

出遊，地圖是好幫手，買張當地的大地圖，由著指尖在地圖上遊走，讓孩子把一天的收穫與想法寫在上頭，用地圖來寫日記。（別心疼地圖了，現在還有多少人用地圖呢？）孩子在上頭塗寫的日記，是他日重遊最好的回憶。

在家裡關心時事，除了用地圖，還可善用地球儀。我們家的客廳就有一個地球儀，想要查什麼，一轉就到，很方便。現在學校的教學設備很新穎，觸控式螢幕取代了往年的教具，但是我在教室還是留了一個地球儀，圓型的地球貼近我們與真實地球的距離；透過地球儀能更真實傳達四海一家、休戚與共的感覺。

有人說：社會科的高分靠「背」的。這句話裡有兩個迷思，第一，孩子讀書並非只在追求高分，而是透過考試，知道孩子哪裡沒學好，我們還可以再加強什麼地方；第二，社會科更重實際理解，而非純粹的背誦。讓小朋友透過自己說，像個小小的導覽員般，把胸中墨水盡情揮灑；關心時事，懂得回饋與愛護這個社會，才是真正具有社會科的「素養」。

有社會素養，可比考一百分重要太多了。

07 最好的老師在大自然

自然是最好的老師，父母帶著孩子親近自然，可助孩子一臂之力，找到自信。況且，科展題目何必遠求？生活中、大自然裡自有最佳素材！

她是我們班的嬌嬌女，為什麼說她「嬌」？書生是手無縛雞之力，她是連看到雞都要尖叫的千金大小姐。我永遠記得她三年級時，上自然課一路慘叫的樣子。那是學期的第一堂自然課，我帶著全班到校園觀察植物。

「啊！有蚊子跟著我！」

「好可怕的蚱蜢！」

當全班孩子興奮的抱著大樹爺爺，感受它的雄壯，嬌嬌女卻搖著頭、向後退，因為她嫌樹髒、蟲可怕。

大家用放大鏡看樹葉的紋路，她卻看見葉子上的蜘蛛網，不敢用手拿，要拿手帕先擦一擦，這才用衛生紙包起來看一眼，然後慎重的告訴我：「噁心！」

我搖搖頭，拿夾在書裡的楓葉和銀杏葉給她看，那獨特的造型引起她興趣，回頭問：「為什麼學校不種這麼美的樹，如果有這麼美的樹，我一定不會害怕了啊……」

疑問是進入科學領域的原動力，我可以跟她講生物多樣化的大道理，但我還是決定狠一點，請她找出答案來。

後來，嬌嬌女最大的轉變是在「飼養昆蟲」那一堂課，別的同學都養紋白蝶，因為高麗葉上就有，嬌嬌女卻在家裡的柚子樹上找到一隻鳳蝶幼蟲。

「你們看，可不可愛？像不像外星寶寶？」

她太愛那隻毛毛蟲，因為怕牠孤單，所以又抓了五隻幼蟲陪伴牠，天天照顧牠們，幫牠們寫觀察日記，還拍照上傳……

鳳蝶羽化那幾天，她把蝴蝶帶到學校來，從此，大家都叫她「鳳蝶女孩」，提起她莫不帶著三分敬意。嬌嬌女後來走進校園也不喊髒，因為她在裡頭發現大自然的美。

大自然真的很美，如果孩子不敢走進去，最後就會變成溫室裡的花朵，無汙染卻也無感動。

領略自然的美

不管居住在鄉村、海邊還是城市，大自然就在我們身邊，它是最好的老師，孩子若願意接近它，那是學習觀察最好的老師。

高中時學美術，我畫的樹總被美術老師退了又退。

理由無它：「不夠自然。」

就以顏色來區分吧，一座山裡的綠有幾種呢？

嫩綠、翠綠、鵝黃綠、橄欖綠……，你能舉出一百種綠，大自然還能再生出另外一百種綠。只是孩子的眼睛全被電視螢幕的艷彩給矇蔽了，如果他們能專心看著青山一分鐘，包準他們會有我高中時坐看滿山青翠的發現：原來，綠有無數種，而且每一種都是絕美。

若加入樹的形狀，樹的種類……

真的，有幾年我教美術，孩子們畫的樹，一般都是畫根電線杆，加個圓圈就叫做樹，其實看起來也很像竹籤插貢丸，如果有綠色貢丸的話。但是只要讓他們去校園，仔細描摹過一棵樹，很多孩子觀察的眼就打開了。

真的，只要認真畫過一棵樹。

小學三年級的自然課，第一單元就是從「認識植物」開始，校園有花草，回家路上有行道樹，住家附近也有小公園，城裡有植物園，山巔海邊都有台灣特有植物。

人家說台灣四季如春，想領略四季變化，可以看看台灣欒樹，它也是很多縣市的行道樹，一年四季各有不同風貌：春天抽出嫩芽，夏天葉轉濃綠，秋天開滿金黃小花，最後以滿樹暗紅的蒴果來做冬日結尾，那樣子就像慶賀一年的豐收，這真是觀察季節變化的好對象。

植物不會跑、不會動，出門旅行時，觀察不同地形上的植物，撿落葉、果實和種子做蒐藏、分類和素描都很棒，讓孩子寫觀察筆記時，它也很容易引起孩子們的好奇心與想像力。

種一棵我們的樹

繪本《我們的樹》（*Night tree*），講的是一家人在每年聖誕夜時，開車去山上看他們的樹。他們用玉米、堅果、水果做成裝飾品，坐在樹下，賞月觀星，最後再悄然離去，那些食物則留給動物享用。那棵樹，沒被砍下來做聖誕樹，依然在山林繼續成長。

住家附近的公園、行道樹和小溪，也可以當成「我們的樹」，帶孩子認養它，然後親近它，觀察它，裡面就是一個完整的生態，既方便觀察昆蟲、鳥類和植物，也容易親近接觸。所以何不帶孩子去找棵「我們的樹」，或找條「我們的溪」呢？

如果條件可以，讓小朋友養隻寵物，公寓若不能養貓狗，其實獨角仙或蝴蝶也很容易飼養的。養寵物除了學習觀察之外，更棒的是讓小朋友學到負責任的態度，養了寵物就得照顧牠，天天和牠相處，學習平等看待萬物。

現在流行養多肉植物，讓小朋友在陽台種棵自己的植物也很棒，從播下種子開始，看大自然如何展現神奇的力量，讓小小的種子，生根發芽，開花結果。

透過觀察植物或動物的成長，可以讓孩子學習做紀錄，一般小學也會要求孩子做這種紀錄，但因為受限於上課時間不足，無法做一個完整的紀錄。這個作業如果在家裡進行，就能做更深入的觀察，像我們班嬌嬌女後來喜歡蝴蝶，也是她在夜裡發現蝴蝶羽化，用手機錄下所有的過程，自此加深她對蝴蝶的認識，後來每當講起她最愛的鳳蝶，她總是滔滔不絕，對照她原來排斥昆蟲的樣子，簡直有天壤之別！

自然素養的培養

我想，每個家庭都有那一段時期：孩子還小時，常會帶孩子去牧場，餵牛羊吃草、躺在草原乘涼，最後來一枝牧場冰棒或一個牛奶饅頭，結束一天難忘的牧場之旅。

那時的孩子，對什麼都有興趣，他們可以很怕牛羊，卻又很喜歡隔著遠遠的看牠們。孩子很常去動物園也在這時期，每個孩子都有自己喜歡的動物，看見喜歡的動物總是哇啦哇啦講個不停。

但怎麼隨著年紀大了，卻慢慢走樣，三C產品漸漸取代實物，去動物園不如在家看平板，追根究柢，孩子對自然興趣萌芽的時期，我們是不是太早放棄？

其實國小孩子升上三年級後，一般都會有科展這項作業。就鼓勵孩子做科展吧！善用科展，能延續孩子對大自然的好奇，因為科展，就是要讓孩子從生活裡找問題，進而觀察研究並找出答案。

小朋友的好奇心強，有時他們會問我一堆看似無厘頭的問題，例如蚱蜢和蝗蟲誰跳得遠？蝴蝶和蜜蜂的飛行距離怎麼比較？河馬放的屁真的能點火嗎？

好啦，這種無厘頭問題就適合讓提問者自己去找答案（因為老師也不知道啊），不過有一點要特別注意，那就是谷歌大神上什麼都有，但是上頭的答案都是真的嗎？

大家都聽過溫水煮青蛙的故事吧？

把一隻青蛙放進常溫水中，牠會感覺很舒服、很開心，然而隨著水溫慢慢往上調升，青蛙就會慢慢的愈游愈慢，最後竟然被慢慢的煮熟了。這故事告訴我們，人不要安於現狀，否則就會變成那隻熟透的青蛙。

但是，也有小朋友不相信，他們真的做起實驗，找來不同的蛙，放進杯子裡，利用不同的溫度去慢慢加熱。結果發現，青蛙在還不到五十度就全都跳出來了！這故事也告訴我們，能從不疑裡找出疑問，這才是真學問。

所以，當小朋友都能用谷歌大神找到答案，我都會再補一句：「那上頭說的是真的嗎？」

認識自然最好的方法

想要讓孩子遠離三C產品，最好的方式就是大人帶孩子一起走進大自然，例如參加賞鳥協會，或是和孩子一起去野外露營、登山或健行。長假時，也可以盡量鼓勵孩子參加各種親近大自然的夏令營活動。

如果大人實在忙碌，選幾本書給小朋友看吧！

例如《法布爾》、《希臘狂想曲》都不錯，若要從頭學習如何觀察與寫筆記，我更推薦《達爾文女孩》，書裡的主角卡莉就像我們班的嬌嬌女，她喜歡一個人玩，整天觀察生活周遭的動植物。

卡莉的爺爺教她如何做觀察筆記，一開始她就像個普通的孩子，只會寫今天看到幾隻鳥、幾隻蟲，經過爺爺的細心指導，她開始去描寫動物的特徵與細節，並加上自己的心得與想法。就這樣，卡莉從完全不懂怎麼觀察，到最後可以寫出很棒的筆記。

卡莉有問題了，怎麼辦？

書裡的爺爺不直接教她，而是讓她自己找出答案來。爺爺簡直像是科展的指導老師呢！

現代科技很進步，我們透過網路，隨時能找到獅子奔跑、大象遷移的高清影片，但若能親自抱抱小兔，或是真的在野外讓一隻蝴蝶停在手上，那種與動物親密的感覺，是任何畫質再清晰的影片也無法傳達的。

大自然是最好的老師，親近它，它會回報孩子無限的智慧，至少至少，若能學會如何與大自然相處，相信這個世界會變得更好。

科展鼓勵孩子用腦思考、用手操作，提出更多思考的可能，就能創造出更不一樣的方法。

我國中小學階段都有校內外科展活動。科展的題目，多是鼓勵孩子選擇生活周邊具生活性的研究主題，目標是讓小朋友能從生活裡找問題，進而觀察研究並找出答案。小朋友通常極具好奇心，最愛問大人一大堆問題，對這種好奇寶寶，可別急著把答案丟給他，帶著孩子一起思考，讓他學著自己找答案。找到了答案，還要他親自去驗證看看，這就是科展的目的與精神所在。

千萬不要為了參加科展，硬要孩子背一堆他們搞不懂的東西，既騙了孩子，也騙了自己。最好是在日常生活裡發現問題，然後動腦實驗，最後找到方法。錯了，就再來一次，無形中就是一種最佳的學習態度。

08

從小練習寫日記，鍛鍊語文力

太陽底下總有新鮮事，一花一草皆題材。
從幼兒圖畫日記起步，
到心情日記裡交換「不能說的祕密」，
記錄下成長軌跡，更為國語文能力扎下根基。

我任教的小學，多年前就開始推展「晨讀十分鐘」。十分鐘說長不長，說短不短，翻十來頁書是可行的。這十分鐘恰好是陽光爬過山頭，將白花花的光線灑落窗間，吸幾口新鮮氧氣，陪著小朋友看書，真愉快。

除了晨讀十分鐘，我班上的小朋友每天都要寫日記。天天寫，天天練，孩子們享受書香時，我則翻閱他們的日記，樂讀孩子們的童年。

為什麼要寫日記？這是不少家長的疑問。唉，現在的國語課一週刪到只剩五節課，其他時間被鄉土語言、英語瓜分了。我們都知道，語文要學得好，多讀多寫是不二法門，可是一學期只寫四篇作文，是不是明顯不足？該怎麼辦？日記就這樣浮上許多老師的腦海，正大光明的躍進課堂，變成小朋友的「福利」。

其實，寫日記可以練習觀察力。欠缺觀察力的孩子，就會覺得太陽底下沒有新鮮事，面對日記本發呆；寫日記，也可以讓孩子學習省思的功夫，夜深人靜時攤開日記本，下筆時靜靜思索，寫出來的日記一定很真。

幼兒園和低年級生，來玩圖畫日記

孩子出生時，家長們都會買本成長日記，印上小朋友的手印、腳印，貼上孩子的照片，喜孜孜的替他們量身高、寫日誌。轉眼間，孩子上幼兒園了，然後開始上小學了，該用什麼來記錄成長的軌跡呢？

何不為孩子準備一本日記本，由他自己來記錄？

孩子的第一本日記，選擇空白的圖畫日記本是不錯的選擇。利用空白的頁面供孩子塗鴉，下面的格子給小朋友或由家長幫忙寫日記。小朋友都怕寫字，圖畫日記本的字數不多，小朋友一下子就寫完了，畫圖卻可以畫得很高興。日記的內容可以只寫簡單的一句話，請孩子把當天發生的事，重點式的寫下來。例如：今天是媽媽的生日，她請大家吃了一個好大、好好吃的蛋糕。

圖畫日記可以用幾句話，大概敘述事情的經過；更可以用一段話，把事情說得更完整。陪孩子想一想今天發生過的事，先讓小朋友口述一遍，有的小朋友還不太會用連接詞，會一直寫「然後、然後、然後」，趁小朋友口述時幫他修掉，下筆就是一篇好日記了。

如果孩子想記錄比較複雜的事情經過，家長最好幫忙孩子統整一下，把一件事分成原因、經過和結束，利用一問一答的方法進行：

——原因：我們今天去哪裡逛夜市？和誰去？

——經過：夜市裡有什麼東西？最喜歡哪個攤位？

——結束：要回家時的心情怎麼樣？

小朋友寫完日記，請他讀一遍，別忘了多多讚美。每天從他寫的日記裡，找一句很棒的句子（找不到句子，找一個詞也可以）加以鼓勵，孩子會很高興，明天就會寫出更棒的句子。

日記本不要太大本，讓小朋友很輕易寫滿一本，寫完一本再換一本新的，一年下來可以寫個五、六本，最後用大訂書機喀嚓一聲就裝釘好了。行有餘力，再幫孩子加個硬殼封面，就是童年最佳的禮物。

中年級生挑戰主題日記

一升上中年級，日記本的格子變小變多，字數也一下子增多，小朋友在這個階段最常犯的毛病，就是把日記寫成流水帳。

流水帳像帳單，通篇都在記事。事情記一堆，卻沒一件事講得清。

小朋友把日記寫成流水帳，原因多半是不會找重點，一天的事情那麼多，到底哪件事是重點？你可以先把流水帳式的日記給小朋友看，請他從中找出一件最重要的事，再把它從頭到尾說一遍，說完再將這件事寫成日記，兩篇日記同時並陳比較，小朋友幾乎就不會再犯相同的錯誤。

有些中年級的孩子還不太會找題材，寫來寫去總不脫教室、老師、家裡的事，這種內容寫多了，招式用老，觀察力也鈍掉了。試試下面的題目：最大的一朵雲、校園最美的花、今天服裝最特別的人、讓我害怕的一刻等，由師長提供需要仔細觀察的題目，小朋友接受挑戰後，觀察力自然跟著進步。

中年級的小朋友因為剛脫離注音符號的輔助，很容易寫一大堆錯字，有的父母會把正確的字標在旁邊，讓小朋友可以立刻更正，看起來很輕鬆，可是下回遇上同一個字，還是不認識，結果又寫錯。最好的方法就是父母用鉛筆圈起來，請孩子查字典，寧可現在多查幾次，每查一次印象就加深一次，下回就不會再錯。

高年級生分享交換日記

高年級的孩子身心快速發展，青春期前的孩子開始有心事了，如果再碰上一點兒「情事」，還真是會情緒亂糟糟呢！日記本就是這個階段的好幫手，鼓勵他們把日記當成知心好友，把不為人知的心情寫在日記裡。

有一本知名的兒童小說《親愛的漢修先生》，書裡的主角是個單親家庭的孩子，與媽媽相依為命，兩人搬到一個陌生的小鎮重新展開人生。轉學生的身分，造成他不少的困擾，他想念的爸爸卻又像個長不大的孩子，老是忘了他的生日，連他每天的午餐，都會莫名其妙的失蹤。這些困擾讓他煩不勝煩，幸好他找到了日記，每天在日記的開頭寫上一句「親愛的日記」，藉由日記的書寫找到生命的出口，也因為日記讓他在這段孤立無援的日子，多了一位知心朋友相伴。

高年級日記的質量當然要再往上提升，此時打開視野是很重要的事，陪孩子到圖書館借幾本經典文學閱讀；雜誌、報紙上的好文章，不妨剪貼下來收藏，文化素養加上背景知識豐富，他的每一天都會過得很精采。

升上高年級，有的小朋友喜歡寫交換日記，你寫一篇、我寫一篇，再彼此交換。那種期盼看到別人眼中世界的心情，透過文字彼此分享的感覺是很棒的。如果可能的話，父母可以邀孩子來寫交換日記，母子的、父女的，甚至全家人一起來，以身作則，相互關懷。不是偷看他的日記哦，而是大大方方利用日記當起親子橋梁。

國中生利用週記透透氣

孩子升上國中後，學校會要求他們每週寫一篇週記。有的孩子不把週記當回事，隨手塗鴉，交差了事。他們的理由是：「書都讀不完了，還寫什麼週記？」

其實，週記可以當成會考作文的小幫手。寫週記很自由，老師並不會強迫孩子一定得寫什麼，如果真想不出題目，不妨每週挑一篇課本裡的文章來讀，課本裡收錄的文章都是知名作家的大作，正好可以讓初學寫作的孩子把讀後感變成週記，仿寫文中的優美詞句，並學會摘錄、發表感言。

好的週記也是作者展現體悟人生的好場所。看完一本書，鼓勵孩子嘗試用不同角度切入，發表自己的想法，讓創意在週記裡產生火花。如果孩子沒空讀大部頭的文學名著，還有一個方法：陪孩子從他感興趣的地方著手，比如：電視劇、卡通動畫片、電影、遊戲，訓練孩子加深加廣對於這些事物的認知與發想。

時事新聞、科學新知，當然也是週記的好題材。奈米科技、音樂欣賞，兩者乍聽之下，好像連不在一塊兒，但是在孩子的生命旅程中，因為還沒有定型，所以什麼都可以嘗試，什麼都有可能。

鼓勵孩子去發展、去尋找，讓週記變成打開人生視野的好課題。除了繁重的功課外，若能因為寫週記，尋得一點兒創意人生的培養與啟發，孩子的生命必將變得更豐富。

09 不要小看聯絡簿的妙用

**輕薄的聯絡簿，妙用真不少！
教孩子學會時間管理，
還能學會為自己負責，培養好品格與毅力，
孩子的童年時光，也盡收藏在這小小的簿本裡。**

小時候我們沒有聯絡簿，那個年代也沒有電話，在學校犯了規，老師想跟我媽告狀，得等到家庭訪問那一天。

鄉下人家農事忙，老師真的來了，也找不到媽媽；那時候淘氣的事做了不少，卻很少被我媽發現，原因不外乎親師溝通不方便。

現代的老師，有手機、電話加持，家長隨傳隨到，聯絡簿還能上傳到網路，孩子想搗蛋，門兒都沒有！

確實，聯絡簿是家長與老師聯絡的利器，隨著每人用法不同，它的功用也有很大的差異。單以紙本聯絡簿來說，除了寫日記、成語造句，有的還加上每日學英語，記錄學習心得、古人名言……，聯絡簿看起來就像變形金剛，任意組合，功用萬千。然而，不管聯絡簿怎麼變，最主要的功用還是免不了：

1.交代孩子的功課，像記事本。

2.反映孩子的學習狀況，像記帳簿，記錄孩子學習的點點滴滴。

3.親師間的溝通聯絡，類似留言版的功能。

家長天天簽聯絡簿，若能懂得善用聯絡簿，還能讓孩子成績、品格大進步。

一妙：培養時間規劃的能力

每次翻開孩子的聯絡簿，你會先注意什麼？據調查，多數家長會先看孩子今天有幾項作業，能否獨立完成？

唉，一提到寫作業，是許多孩子與家長心中永遠的痛。

我曾教過一位小女生，為了寫作業，天天和媽媽鬥法。只要媽媽不注意，她就分心去做自己的小創意，像是寫作業時，突然想到小兔子還沒餵，就去餵兔子，結果作業拖到晚上十點還沒寫。或是數學算到一半，發現題目在講麵包師傅烤麵包的時間運算，勾起她好久沒做鬆餅的回憶，她便放下數學習題，快快樂樂去烤鬆餅。當然，作業全部都沒寫，卻送上一盤鬆餅。

這樣的孩子為數不少，學習很沒計畫，又不會安排時間。想讓孩子學習規劃時間，從聯絡簿開始下手吧！

低年級孩子回到家，父母先陪他看今天作業有幾樣、哪一樣要先做、哪一樣可以慢點做，做作業若能分清楚先後、輕重緩急，就能從中學到執行計畫的能力。升上中、高年級，作業量變多了，除了抄抄寫寫，有時還有背誦、閱讀、做家事或運動。假設有一天的功課是這樣：

- 背兩首唐詩。
- 閱讀二十分鐘的課外讀物。
- 做二十道數學習題。
- 幫媽媽做一件家事。

不懂得規劃時間的孩子，可能就先老老實實的背唐詩，哦，花了二十分鐘；再讀二十分鐘的課外書；然後再用三十分鐘算數學；等到筋疲力盡了，還得幫媽媽拖地、做家事。

相反的，一個懂得規劃時間的孩子，早就已經在心裡盤算過：可以一邊背唐詩、一邊幫媽媽拖地；算完數學就該吃晚餐了；閱讀，當然就放在晚餐後當成休閒活動。

同樣的作業，有人輕鬆愉快，有人愁眉苦臉，差別就在這裡。

時間規劃與活動安排的能力，可以從翻開聯絡簿時開始練習。既然作業天天有，逃也逃不掉，正適合天天來練習時間與活動規劃的能力。父母先陪孩子練習，次數多了，這項本領就養成了，到時還怕孩子寫不完功課嗎？

二妙：培養負責的態度

有一回，我請小朋友分組帶自然課要用的蠟燭，因為怕孩子們忘了，還請他們抄在聯絡簿裡。第二天，課堂上要做實驗了，結果全班只拿出一根可憐兮兮的生日蠟燭來。

「不是抄在聯絡簿裡了嗎？」我問。

有個男孩子回答：「我媽說家裡沒有了，」小伙子連忙拿出一樣東西，「但我家裡有手電筒。」

「我們家那邊沒有雜貨店。」

「爸爸說太晚了，叫我等一下跟同學借。」

我只好回頭問唯一帶生日蠟燭的小朋友：「你去哪裡找的？」

她笑嘻嘻的從書包裡又拿出七、八根小蠟燭分給同學：「回家時，經過蛋糕店，我向店員買的。」

對啊，放學路上明明就有蛋糕店、五金行，為什麼不順路買呢？

說穿了，孩子們抄聯絡簿是一回事，完成使命是另一件事。沒把事情放心上，到頭來，老是要父母「三更半夜找超市買老師規定要帶的東西」。不把事情放心上，其實就是沒把它當成自己的責任。父母這時更應該善用聯絡簿，培養孩子負責的態度。

孩子必須為自己的事負責，他當然可以一回家就先玩，玩到三更半夜才想到作業沒寫，想到該帶的東西還沒準備。如果你一時心軟，怕他被處罰，三更半夜為他出去買材料，看起來是很偉大，萬一買不到，說不定你還責怪老師不早點吩咐。其實大多數老師都知道，學校規定要帶的東西不能太難找。

現在的課程強調從生活裡找學問，老師不會在冬天時要孩子去找春天的花，那為什麼家長常得半夜上街去買東西呢？

原因很簡單，孩子沒把「自己的責任」放在心上，家長又捨不得孩子被處罰，最後只得在午夜夢迴，被孩子的聯絡簿嚇得一臉「青筍筍」。

試著讓孩子為自己的事負責。那是孩子上課要用的東西，他必須早點說，不要晚上才跑出去找；即使他要跟同學借，也必須利用晚上先打電話跟對方確認。每天臨睡前，要再次核對聯絡簿，整理自己的書包。說起來都很簡單，但是能夠每天做、自己做，就是負責態度的展現。

三妙：培養好品格

「貴子弟今日與同學爭吵，請家長多督促！」翻開聯絡簿，不知道你會不會怕看到老師寫這樣的字句。有些家長很討厭老師寫紅字，認為老師愛告狀，老是挑剔自家的孩子。

「他在家裡很乖呀。」很多家長都是這麼說。

其實，老師天天和孩子生活在一起，最了解孩子的學習狀況。有時，小朋友表現不佳，老師寫幾句話向家長反映，目的不外乎希望親師配合，孩子學習愉快、品格優秀。

我本身是老師也是家長，有時看到老師的留言，不管好壞，我都會很感謝老師能在數十位孩子裡，注意到我們家的孩子。

假如老師寫的是好話，我會誇獎孩子，讓孩子保持做好事的榮譽心，期望他能持續下去。要是老師寫孩子表現不好，像是與人吵架了、上課不專心，我會問孩子發生什麼事。聽完孩子的感受，再和他討論該怎麼做，才能避免同樣的狀況再發生。

我也會把親子討論得出的結果和解決方法，寫在聯絡簿上給老師看，並在幾天後主動詢問老師，孩子的行為有沒有改善。有則嘉勉，無則改之。如此一來，有壞習慣的孩子，在家與在校都有大人督促，自然而然會減少再犯的機率，漸漸朝良善去發展。

聯絡簿就像一扇窗，透過這扇窗，父母能看到孩子在團體生活的那一面；相同的，老師也透過聯絡簿在觀察孩子，並在他們需要幫助時，扶他一把。

四妙：培養毅力，習慣成自然

聯絡簿上要求孩子寫成語造句，一天學一句，六年十二個學期下來，孩子足足學了一千兩百個成語，造了一千兩百句。

聯絡簿上要求孩子寫短文，即使一天只寫一百字，六年十二個學期下來，孩子就練習了一千兩百篇短文，寫了十二萬字。

一日又一日，滴水穿石的功夫，講一百遍給孩子聽，他們可能聽不懂。拿一本聯絡簿給他們看看，毅力與收穫全在這本薄薄的簿子裡。

什麼是毅力？道理很簡單，不過就是把一個句子造好，然後再造一個句子；把一篇短文寫完，再寫一篇短文。毅力也最難，怎麼維持相同的水準直到期末；怎麼透過一次又一次的練習，最後修得正果。

來讀孩子的聯絡簿吧！

聯絡簿乍看不起眼，不過就是一本簿子，可是上頭有孩子練習的痕跡、有他們學習的紀錄、有老師眉批的字句、也有家長日日簽章，與老師溝通的過程……

說起來，聯絡簿幾乎就是孩子童年的縮影。還有哪個本子能保留住孩子日復一日的寫寫畫畫，以及你與師長通過筆仗交談留下的紀錄？

每到學期末，我的班級都會有一節課，專門讓孩子翻閱自己的聯絡簿，挑出兩、三個最值得回憶的日子，上台與大家進行分享。那堂課，叫做回憶，叫做成長，也叫做幸福。

我會請小朋友把每學期的聯絡簿收好，不管搬幾次家，到多遠的地方，偶爾回頭看看這些簿子，童年就在這裡面，而且千金不換哪！

10 好口才是練來的

孩子台下一條龍，
但是一上台就變得呆若木雞，
變成扭扭捏捏的毛毛蟲。
如何引導孩子上台侃侃而談、言之有物？

一早，教室裡來了幾個客人。他們來學校研習，時間還沒到，所以四處走走看看，就這麼逛進我們班，問我能參觀教室嗎？

我當然不能把客人推出去，他們看了一圈，發現我們班養的獨角仙，隨手抓了小傑問：「這是班上養的嗎？」

班上口齒伶俐的孩子在外頭，小傑進來拿東西卻碰上這狀況，這孩子平時內向，十句問不出一句話的，這下……

「獨角仙哦，那是我們班養的，牠們本來住在後校園的腐質層下，那裡日光少、營養豐富，而且……」

小傑滔滔不絕的講著，這時，其他孩子回來了，大家圍在四周聽他解說，誰也沒料到，平時安靜的他，今天表現竟會如此精采！等他講完了，大家一起拍拍手，客人以為我們班個個都這麼厲害，稱讚小傑的表現棒，老師很會教，不知道我其實擔了半天的心。

如果孩子很怕說話

小傑怎麼了？原因無他，平時沉默寡言的他，就只喜歡獨甲仙。碰上自己喜歡的事，這麼安靜的孩子也能成為金牌解說員。

這個時代，口語表達能力很重要，人人都需要行銷自己，而「說話」是最便利的工具。

與人溝通，求學就業，推銷物品，表達意見……樣樣都離不開說話，如果孩子平時沒練習，即使是經常在台下嘰哩呱啦的小朋友，上了台依然結結巴巴。

怎麼培養孩子的口語表達能力？從孩子有興趣的事開始吧！就像小傑一樣，

有興趣的事總是比較有把握。其他像是孩子最愛的公仔、最喜歡的運動，因為平時有鑽研，請孩子發表時，幾乎不用準備，都能張嘴就來。

練習口語表達的對象，先從熟悉的家人來，晚餐是不錯的時機。等孩子練習說的習慣建立了，有客人來時，也可以請孩子當小小解說員：像是教其他孩子玩遊戲，介紹自己的寵物和玩具，帶別人參觀自己的書房等。

拿手的事說多了，膽子就練大了，好口才是練來的，鼓勵孩子往其他項目發展，一回生、二回熟，自然不怕人多的場合。

如果孩子很愛說話

有的孩子和小傑相反，話很多很多，尤其是低年級的孩子。

這些孩子只要放學回到家，嘰哩呱啦的就想跟你講話，但爸媽通常都很忙啊，不是忙著做家事，就是忙著看電視、滑手機。孩子有話想講的階段其實沒幾年，孩子肯跟你說話，你再忙也要認真聽一下，給點意見，否則等他再長大一點，連話都不想跟你說，就來不及了！

只是，很多小孩嘰哩呱啦的說了半天，卻聽不出重點，怎麼辦？

很簡單，你可以請他試著這樣做：把事情一次分成三個重點講出來。

「三個重點啊？」孩子歪著頭。

「就是三件事啊。」

點點頭，重新再講一次：

「第一，他先打我，第二，然後我就忍不住打他了，第三，最後我們就打在一起了。」

「很好，果然分成三點了，」聽完我忍不住笑了，「但是，你說了半天還是同一件事耶。老師好奇的是：第一，你們為什麼會打架？第二，打完老師怎麼說，第三，你的心得是什麼？」

孩子把眼淚擦乾：「王老師，你說的也是同一件事啊。」

你看，他懂了。

小朋友年紀還小，發生事情時急著想說，說話卻夾七夾八的。這時，先讓孩子喘口氣，去把事情理一理，父母可以先把手邊事情趕緊做個段落，然後，再讓孩子過來把事講清楚。

事情分三點講，講習慣了，以後要寫論說文時，就很容易用不同的視角來審視。這一招怎麼學來的？當年我遇過一個老派的校長，他對我們的報告要求就是：講成三點，別纏在一塊兒。

現在想起來，還是很感謝他的教誨，事情分成三點講，條理分明，而且一生受用。

自我介紹當練習

讓孩子學習口語表達，我還會教他們自我介紹。

一段好的自我介紹，能讓人留下深刻印象，是行銷第一利器，但是也常被人疏忽。我們一生向人介紹自己的機會很多：認識新朋友，到新學校或社團，甚至就業面試都需要，好好陪孩子練習自我介紹，可以讓孩子更有自信。

「你好，我是錢康明，有錢、健康又聰明的錢康明。」這是我研究所同學的名字，一聽就琅琅上口，而且一輩子不會忘。

選舉時，大街小巷掛滿候選人競選布條，怎麼讓人記得他？把名字拿來造句啊。所以，先讓孩子試著把自己的名字或綽號拿來造句。

例如：張文全——我是張文全，文武雙全的文全。

例如：艾嘉芬——我是最愛加分的艾嘉芬。

句子要簡短有力，這事不用急，有空就想，隨時可以改。

如果名字造不出好句子也無妨，從興趣或專長來想，一樣有戲劇效果。

像我的好朋友青蛙，他的自我介紹是——我是青蛙，很會游泳的青蛙。

如果不會游泳怎麼辦？

那更好了——大家好，我是青蛙，是一隻不會游泳的青蛙。

不會游泳的青蛙是不是很有趣？而且很容易讓人追著問：「為什麼？」

對，為什麼？只要有人問為什麼，人家就會記得有隻怕水的青蛙啦。

介紹完自己，要打鐵趁熱，利用興趣或專長拉幾個好朋友。

我是青蛙，會游泳的青蛙，想游泳別忘了找我這隻青蛙一起去。

我是王文華，不是另一個王文華，想聽故事記得來找兒童文學的王文華哦。

學著怎麼把話說得生動活潑

同一件事如果能多說幾次，通常就會愈說愈順，愈說愈有趣。當孩子嘰嘰喳喳把一天的事終於說完了，可以鼓勵他們說給爺爺奶奶、外公外婆聽。

「哇，好好玩哦！爺爺也喜歡聽笑話，你快打電話告訴他。」孩子一聽，哪會有不樂意的。這樣做有個好處，一方面讓孩子把同一件事說個兩三遍，等於把一個段子多複習了好幾次；一方面也強化了祖孫間的情感，爺爺奶奶其實很期待這種祖孫之樂的。

如果有可能，更該鼓勵孩子去教其他的同學。指導別人功課，也是複習功課與練習說話的好時機，我在學校上課就很喜歡請小朋友去找其他同學指導。

自己上課聽一次，那叫做「短期記憶」，可能聽完就忘了。

向家人報告一次是「中期記憶」，可以記得久一點。

自己理解過，再把重點向其他同學複述討論過，這就成了「長期記憶」。

指導人家功課，自己功課會進步，因為無形中複習好多次；教別人時，得轉譯成別人聽得懂的話來講，如果自己沒有理解得很透徹，又怎麼能講得好？最後一個好處，指導人家功課，耐心也會變好的，遇到一直聽不懂的同學，就得耐著性子，用不同方法去解釋，這也是修身養性的好方法。

教學相長，得益最大的，往往是自己。

隨時隨地練習

我們學校的家長會長是個有趣的爸爸，他家的孩子也都挺會說話的。我向他討教其中原因，會長說，在他的孩子還小時，三兄弟經常跟他要這要那的，像是吵著要手機、要養小狗……

會長總是回說：「好啊，如果你們說得出十個小孩非得有手機的理由，說得好我就買給你們。」他不會當面拒絕，反而鼓勵三兄弟去想方設法，雖然三兄弟小時候想出來的理由，往往漏洞比較多，常常被老爸電回去；但是三個兄弟勝過一個諸葛亮，隨著練習的次數多了，讀的書也多了，漸漸的也變得能夠說服老爸，真的要到自己想要的東西。

除了練習，還要精進。

我常帶我女兒去聽演講，聽完演講，父女討論講者的表現。我們家也喜歡聽相聲，一起輪流背裡頭的段子，好的相聲段子，口條要清楚，輕重快慢有序，這是最好練習說話的教材。

學校若是有在挑選即席比賽選手，一定要想辦法鼓勵孩子去挑戰看看，被選上了，會有老師負責訓練，沒被選上，也在那段時間練習過了。

當然，若是有辯論賽、口才營，只要有時間，最好讓孩子去參加，過程絕對很辛苦，但收穫一定很豐盛。

好口才，真的是靠苦練來的，人一生說話的場合那麼多，會說、能說，多麼好啊，能在這時多練一下，怎麼想都很值得的。

11 為童年留影的學習檔案

製作學習檔案就像編排一本自己的書，每個孩子都是這本書的唯一編輯、主角與讀者，如何呈現，才能讓讀者看見獨特的你，是決定學習檔案高下的關鍵！

學習檔案是什麼？

記得第一次讓我們班學生做學習檔案時，他們都很開心，因為每個人都可以拿到一本全新的資料夾。那時我對學習檔案的製作也是初體驗，發下的是從量販店特價買來，一本二十頁的透明資料夾，要求他們把這學期上到跟與寫作相關的作品，全都放進去。

孩子們像收到了聖誕禮物般的收下資料夾，開心的大喊：「耶！」然後每次上完作文課，我發下的講義、他們寫的草稿，和最後謄寫下來的成稿，全都放進那本資料夾裡。

檔案剛建立之初，孩子們很期待早早把本子放滿。等到新鮮期一過，學校其他活動吸引了他們的目光，很快的，他們常忘了該整理資料夾，非得要老師再三提醒他們才會記得；等到連我自己都忘了時，這本資料夾的命運就更悲慘了。

學期末進行大掃除時，終於有個心細的孩子，在他塵封的櫃子裡找到一本「厚厚的東西」，眾人皆曰：「對啊！我們的學習檔案……。」

我立刻一聲下令，馬上找出它來，然後把該放的資料放進去。一陣兵慌馬亂後，這才發現，有幾本學習檔案早已遺失了，有幾本從開始到現在依然簇新簇新的，多半的學習檔案被胡亂塞進幾十張亂七八糟的紙片，只有極少數，被孩子持續保持更新，連封面、目錄都製作了出來……

問題應該出在我身上。

我沒把學習檔案弄明白，以為一本資料夾就能搞定一切。還好，我是老師，當老師最大福利就是：研習很多，只要有心，不怕你學不到。

從短期程的活動開始

陸續參加幾次研習，觀摩他校孩子製作的學習檔案，也和研習的老師們討論後，我對學習檔案有比較清楚的了解，它應該是：

1.由學生自己收集製作的檔案。

2.它必須是有計畫性的收集，不是什麼都塞的檔案。

3.主要的目的是：對自己的學習歷程以及作品進行評論及反思。

也就是說，收集作品的責任在孩子身上，他們應該針對某個特別的目的，自己收集、創作自己的學習檔案，然後用它們來說一則自己的故事，最好還能呈現，他們在這個學習的過程裡，成長了多少，有什麼心得與轉變。

學習檔案最主要的讀者是孩子自己，他想展現什麼樣的內容由他自己決定，主動權與選擇權在孩子手上。

我搞懂了之後，再一次買了資料夾。這回我選的是活頁式的，方便小朋友可以隨時翻閱、調整裡頭的內容，畢竟說故事的人是孩子，我必須讓他們在這段時間裡，學會怎麼蒐集與創造內容、編排與選擇資料，最後能展現一次完整的學習過程。

國小階段是教孩子怎麼做學習檔案的練習時機，選定單一主題的活動，製作時間不要太長，活動目標要明確，小朋友也可以透過相互觀摩學習，很快掌握學習檔案的精髓。

恰好，那時我們班參加網界博覽會的比賽，主題是「書東坡」，目的要從班級閱讀延伸到社區閱讀，把社區的人們拉進閱讀的世界裡來。活動的時間一個月，主題很明確，每個孩子都是書東坡的一員，他們必須在檔案中，展現自己從活動中學到什麼，留下什麼活動的成果。

學習檔案就像出一本書

我們師生邊做邊學，而我因為有出書的經驗，所以愈深入製作學習檔案，愈覺得這簡直就像在編排一本自己的書，而每個孩子都是這本書的唯一編輯、主角與讀者。

既然它像一本書，所以在製作時，一定要把目錄擺在最前頭，利用可重複貼的便利貼，不斷的更改、挪動它們的位置與順序。我們選用的活頁式資料夾可以隨時抽換調整，給了孩子們很大的方便。

小朋友在這一個月的活動中，除了放進許多學習單、傳單和課程教授等種種活動紀錄，重點更在於，他們為什麼要參與這個活動，從中又獲得了什麼樣的改變與想法。

還好，當年的「書東坡」因為搭上網際網路熱潮，小朋友每天都要在網站裡寫下日誌，並將日誌列印下來，貼在當天的活動成果旁，不管是辦讀書會、去低年級講故事、看完書的討論，因為有了日誌的幫忙，整理成果時，也就更為豐富精實。

現在孩子製作學習檔案更加容易了，因為有種種社群媒體可以利用，不必親自架設網站，只要申請一個班級共用的平台，大家就能在上頭討論、發表，連影片、照片與圖片都能傳上去，只要有心，不是難事。等到要製作學習檔案時，列印下來，就是圖文並茂的檔案了。

或許讀到這裡，你會心生疑惑：既然網路這麼方便，何不直接用線上審閱即可？為何還是要孩子製作成一本學習檔案？

不知道你有沒有看過金城武的廣告，「時代愈快，心則慢」，這個時代真是這樣的，我們的網際速度每年不知快了多少倍，但人們依然深深眷戀著手工的溫度，君不見這年代的青年朋友迷戀底片機，法式烘焙課的招生名額總是搶破頭。「學習檔案」就像為童年留影，當有一天孩子長大了，你覺得他會想摸摸童年手製圖文書，還是瀏覽摸不著的網頁呢？

給孩子一段空白時間

「書東坡」的學習檔案製作期只有一個月，時間不並長。我運用每週二學校開行政會議那半小時的早自修時間，讓孩子們自己做整理與小組討論，因為有分組，所以每一組都能按著節奏，在一個月後交出自己的檔案來。

以海報設計宣傳為例，以前展現學習成果，大概就是利用美勞課畫畫海報，然後在班上展示一張張的海報，再把海報拍照放進資料夾裡，就算了事。

然而有了練習製作學習檔案的經驗，有的小朋友先探討為什麼要做海報，並把海報內容要畫什麼等會議紀錄擺了進來。他們那一組用了一週時間畫海報，所以就有每一天的進度照片以及補充說明。

海報製作完成後，小朋友把海報貼在社區，邀請大家一同來參加讀書會。為了想知道有多少人是被海報吸引來的，他們還很慎重的發了問卷，調查結果顯示：在所有來參加讀書會的居民中，有二十七%是被海報所吸引來的。這張海報還真是發揮了不小的功用！

他們甚至還開了一次檢討會，反思這回的活動，有什麼地方要改進，什麼地方能保留。透過製作學習檔案，孩子們經由討論、觀摩，最後學到資料蒐集、整理與分享，然後回顧與省思的完整學習。他們上台報告時，也因為手裡有資料夾，講起來頭頭是道，不顯生澀。

經過那次短期程的學習檔案經驗後，學生都學到蒐集檔案的完整流程，後來在做下一次攝影寫作的學期作業時，每個人都知道自己該做哪些準備，該在何時整理自己的檔案，以及怎麼樣能讓它更好。

留時間讓孩子去討論、分享與製作，我覺得是創造師生雙贏最好的點子。有時孩子不是不願意努力，而是他們的時間很忙，既要忙學校課業，又要忙課後才藝的課程，而身為師長能做的事，就是替他們排開一些事，給他們一段「空白時間」，讓孩子們去聊聊自己的作品，於是，這些作品也因為這些空白時間而漸漸成形，而且愈來愈趨近理想。

在家也能製作學習檔案

誰說製作學習檔案只能在學校？想讓孩子在家裡練習製作學習檔案，可以從策劃較長天數的旅遊開始。玩也是需要學習的，讓孩子來企劃一場長天數的旅遊絕對是值得的，而旅遊時的門票、地圖和紀念品、相片也較容易拿到手，小朋友的活動紀錄可以寫在臉書或ＬＩＮＥ上，回到家裡列印出來，加上簡單的心得感想，就是一本很有紀念價值的學習檔案了。

與其天天讓孩子在學校與安親班間跑來跑去，不如多留點空白時間給孩子，讓他們在大大的工作桌上，練習慢慢的把一件事做到好。

學習檔案重質不重量，精采與否考驗策展能力。

許多家長一聽到「學習歷程檔案」，將成為高中孩子未來進行大學申請入學時的重要參考，便擔心學習歷程檔案會不會變相為一場「才藝競賽」？其實呈現一份好的學習歷程檔案，不是上傳一堆證照或塞滿蕪雜的資料，重點是孩子如何在個人檔案中，呈現自己的興趣與專長，如何展現學習的主動性、對特定領域的學習熱情與成果。更重要的是：如何讓審查委員看見「你是個什麼樣的人？」家長不妨讓孩子從國小階段就開始學著製作「學習檔案」，從動手策劃一本檔案之中，學習如何以「自己」為主題，進行一場精采的策展。千萬不要為孩子代工，而剝奪了孩子學習的機會，畢竟「學習檔案」是孩子的作業，不是你的！既然不是你的，未來申請大學要面試的對象也不會是你，不如就放手讓孩子去大膽嘗試吧！

Part. 2
生活篇
樂在生活，做孩子的成長夥伴

國中小階段是建立孩子習慣和能力的階段，
學習與生活是這個階段孩子成長的養分。
他們在學習中探索自我、激發動機，
在生活中認識世界、建立品格。
做孩子的好夥伴，一起學習、成長！

12 孩子說長大要賣臭豆腐

回首我們的一生，
有幾個人可以一輩子什麼工作也不換，
都維持長久穩定的熱情，持續投入直到退休？
從一而終的工作領域，想想真的很少吧！

考完指考的孩子回學校來找我。問他們想讀哪裡，一個個笑嘻嘻：「啊栽？」

「學校沒有幫你們做性向啊，或是什麼職業分析的嗎？」

「有啦。」

「可是那個又不準。」

七嘴八舌的，一個孩子答得直接：「有興趣的分數不夠，分數夠的沒興趣。」

「老師，如果我去賣臭豆腐好不好？」一個功課不錯的孩子問我。

「咦……你啊？」

「不好嗎？」他身上的防衛機制立刻啟動了。

「你如果確定了當然好，你知道臭豆腐怎麼做嗎？」

哇，沒想到這孩子開始跟我分析起來了，原來他高中在外讀書，每回讀累了，就會去吃盤臭豆腐，他和老闆談過，知道臭豆腐的製作過程與成本……

「應該很好賺。」他笑著說。

賣臭豆腐好不好，這種事沒有標準答案，就像選填志願、規劃人生一樣，原因無它，人生從來就不會有標準答案，不能說讀了英文就一定比中文好，也不能說賣了臭豆腐，從此人生就一帆風順。

孩子們習慣考試都像是非題，說一是一，說二不會變成三，這會兒人生的抉擇權交到他們手裡，便開始心慌意亂。以前面對輔導課的生涯探索是「隨便填填，到時再說」，現在真的要下決定了，想認真思索卻赫然發現，過去想得不夠仔細，手裡的資訊不是太少就是過多。偏偏考完到填選志願的時間急迫，求神問卜太虛幻，只好問師長、問父母，甚至回來問我這小學老師的意見。

生涯規劃，應該就是為自己找到一個合適的領域，最好是為了興趣而工作，而且能在工作裡找到成就感，讓自己盡情發光發熱。

但是回首我們的一生，有幾個人可以在一輩子裡，什麼工作也不換，一輩子都維持長久穩定的熱情，進了某一領域後持續投入直到退休？

從一而終的工作領域，嗯，想想真的很少吧？

認識大人世界

進行生涯規劃，可以先讓孩子認識大人世界。

每次接到新班級，我都會問問孩子，父母的職業是什麼。

讓我訝異的是，有很多孩子搞不清楚父母是做什麼的。有一陣子我都懷疑，難道孩子們的父母都是情報員，所以他們的工作都是高深莫測，不能輕易讓小朋友知道。

認識父母的職業，是認識大人世界的好開端。很多公司其實是會辦親子日，歡迎員工帶孩子去認識公司的；即使公司沒有這樣的活動，還是可以在徵得公司同意下，讓孩子參觀一下公司，讓他認識父母的同事，熟悉父母工作的流程。

能做自己有興趣的工作，那是世上最棒的事。但多數的人卻只能在工作崗位上，兢兢業業的奉獻心力，用正向的態度看待自己的工作。是醫生，讓孩子知道你救苦扶難的心向；是老師，給孩子知道你教育下一代的情懷；是農夫，用無毒有機的方法耕種，給人們一個食品安全的保證。

你用什麼樣的態度看待自己的職業，孩子就用什麼樣的眼光看待父母。

這個故事大家一定都記得：

三個工人在建築工地上砌牆，有人問他們在做什麼。

第一個工人悻悻的說：「沒看到嗎？我在砌牆。」

第二個人認真的回答：「我在建大樓。」

第三個人快樂的回應：「我在建一座美麗的城市。」

最後結局是，後來第三個工人成了建築公司老闆，快樂的繼續蓋城市。

相同的，讓孩子認識父母工作的地方，知道父母正在為這個世界做些什麼，為人群貢獻什麼樣的心力，這就是引導孩子去認識世界，建立他們正向走向未來的良好心態。

容錯與彈性

有一次我接了一場演講，地點在嘉義靠海邊的一所學校，校長派了人在高鐵站等我，一切安排的妥妥當當。七點半的高鐵，二十二分鐘後到嘉義，奇怪的是，我的高鐵在七點五十二分時卻沒有停。我看看窗外，剛好經過南科園區。

高鐵到台南了？難道我睡過頭！

我問問旁邊的先生，為什麼嘉義沒有停？

那先生愣了一下後，他想到：「這是直達左營的車。嘉義不會停。」

因為我的疏忽，計畫突然生變。我趕緊打電話到下午的學校，還好校長很包容的對我說：「老師，你慢慢來，有到就好了，千萬不要趕。」

聽了校長的話，我心安了，接下來的行程，仔細把車班坐好，這回不能再搭直達車，要搭一站一站停的車，後來抵達的時間雖然慢了一點，但還是把課上得圓圓滿滿。

這不就是人生嗎？

那天我到現場後，孩子們多等了一小時，我向他們道歉，並且以這例子當開頭。人生跟著計畫走很棒，但生命裡總有太多不可預測，或許因為自己的疏忽，或許是別人的失誤，甚至是大自然的難測，因為總總，你得因此總總。

然而有個不變的真理，孩子得有應變的功夫。

一〇八課綱開始實施後，「生涯探索」成為孩子在升學路上一門重要的功課，探索自我的學習要趁早，應變能力的學習也是愈早開始愈好。

像是讓孩子多多參與有挑戰性的活動，鼓勵他們踏出舒適圈，像是即席演講、登山露營、溯溪遠行，甚至現在很流行的密室逃脫，讓他們在活動中增加動腦、動手的機會與能力。

家長還可以時常提問。現實生活中的問題，總在不經意裡出現，例如經過車站，我會問學生：如果地震來了，該往哪裡跑？在這裡迷了路，你要怎麼回家？身上沒有錢，你要怎麼從這裡回家？

光是一個場景，都能隨時讓孩子動動腦，平時有練習，臨時應變就不會慌。

閱讀傳記，練習下決定

生涯，生涯，照莊子所言，「吾生也有涯」，短短的生涯，其實天天都在下決定：今天晚餐吃什麼？星期天要去哪裡玩？這個學期要參加哪個社團？鋼琴和長笛要取捨哪一種……這些選擇往大方向來想，全都是規劃，如果我們能在這些時候，讓孩子先練習做決策的方法，或許將來面對較大選擇時，他會更容易去下決定。

練習下決定，就得先知道自己面對多少種選項吧？

只因為，人生的路要自己走，要過怎樣的人生，完全是自己的選擇，只有自己才能賦予生命最佳的詮釋。我們的一生太短，能體驗的生活經驗有限。幸好，書架上有很多很多的名人傳記，前人把他們的一生精華濃縮在裡頭，值得孩子去借來閱讀，從中尋找靈感。

看看邱吉爾面對強大的德軍，下了什麼樣的決定。

看看鹿野忠雄高中被留校察看時，他又下了什麼樣的決定。

孩子遇到的天大困難，歷史上總有人遇過更大的災難。孔明在「空城計」裡的淡定，是不是讓人驚嘆又佩服，也同時鼓舞人們，遭遇生活裡的困厄時，能懂得輕鬆面對。

既然別人都可以，我們的孩子一定也可以。

多讀名人傳記，挑幾個章節和孩子分享討論。

多討論，就能知道這種決定下得對不對。

多討論，未來有個突如其來的挑戰時，才不會手忙腳亂。

我們當然需要適度的生涯規劃，因為人不能糊里糊塗的過一生，但我們更需要孩子學會的是，當發生變化時，擁有應變的能力，能在人生道路裡，隨時找到新座標，調整自己的人生態度。然後，再迎接下個關鍵的選擇，繼續精采過一生。

後記：

臭豆腐店的老闆讓我的學生去打了幾天工。

孩子還是去讀大學，但老闆答應他，只要他願意，可以隨時教他賣臭豆腐的獨門祕訣，而且保證：「真的是全國第一臭哦！」

我的學生還在考慮，或許有一天，等他讀完大學，學到如何炸出比第一臭還臭的臭豆腐時，他的人生將從此「臭」名滿天下，那何嘗不是另一種成功呢？

人生是一場永不停止的馬拉松，從小探索自我比拚考試更重要。

現行的一〇八課綱象徵一個「多元選才」的年代來臨，意思是指升學選才的方式，從過去以「拚指考」、「拚學測」的成績為落點，來決定選填的志願，轉變為以評量每個孩子興趣與動機的學習歷程檔案為重要參考。換句話說，升學考試的成績僅為選才的一個參考面向，尋找有學習動機與熱情、知道自己的興趣與專長的學生，才是各大學選才時重視的標準。身為中小學生的父母與師長也要及早改變教養和教育的方式，從過去盯功課、拚考試的方式，轉移為陪伴孩子邁向自我探索之路，透過多探索、多嘗試，協助孩子找到自己的興趣，發揮自己的特長。願每個孩子在父母的陪伴下，都能發現自己獨一無二的亮點，自信、快樂的實現自己精采的人生！

13 休息站裡的理財課

小從零用錢，大到購屋基金，人一生都在理財這門課上打轉，理財這門課，學校不一定有教，但孩子終身都需要。

有一次，學校安排一趟去台北城鄉交流的行程。車子開了兩小時，開進一個休息站稍作休息，那空檔也不過就十來分鐘，三年級的小哲就迅速把身上的錢花光了。

三百塊錢，花得一分不剩。我問他錢都花到哪裡去了，他伸出指頭數唸著：

三大桶的關東煮，一桶自己吃，兩桶請同學。

一個抱枕，是自己的旅行紀念品。

一條項鍊，要孝敬媽媽的禮物。

「你太浪費了吧？」我說，「媽媽沒有跟你吩咐怎麼用錢嗎？」

「我媽媽有說啊，她告訴我，當用則用，當省則省啊。」

「當用則用」這句話沒有錯，錯在他分不清用錢的時機與需求。不過這也不能全怪小哲，他們家住在山上，方圓十里內沒有商店；進學校上學，學校周圍也沒有商家。一個完全沒有用錢觀念的孩子一進到休息站，就像劉姥姥進了大觀園，更何況，小哲大爺的身上懷有三百大洋啊！

其實每一次學校的戶外教學，都會遇到這樣「大腕」的孩子，所以後來我們辦戶外教學，頭一重要的事就是幫他們上一堂「休息站理財課」，給他們一張紙，練習規劃設計，想一想自己拿到的零用錢，究竟該怎麼花。

少有花錢機會的孩子，我們還會讓他們跟同學討論，甚至把教室當成休息站，一同分享哪些東西是「需要」的；而哪些只是「想要」的東西，可以完全不必理會。

學習如何用錢，換個流行詞就是「理財」，小從零用錢，大到購屋基金，人一生都在理財這門課上打轉，理財這門課，學校不一定有教，但孩子終身都需要。

女兒的十塊錢

我家女兒小時候，也是那種什麼都想要的毛小孩。

「那個洋娃娃好可愛哦。」

「糖果看起來好好吃哦。」

進了商店，看見五花八門的商品，如果不買給她，她會一路吵；買給她了，沒多久，她又不要了。於是，我就……我就豪氣的給了她十塊錢，由著她任意買。

手裡有了十塊錢，她再也不會每攤都想買了，而是一攤一攤仔細看。現在手中的十塊錢可以由自己決定了，她就開始變得精明了，一攤一攤問價錢，問完回來向我搖搖頭說：「老闆說，你給的十塊錢太少。」

「明天拔鼻再給妳十塊錢，妳就有二十塊錢了。」

「可是一隻小兔子要五十塊錢。」小妮子淚眼汪汪。

「妳今天有十塊錢，明天有二十塊錢，後天有……」

「三十塊錢，大後天有四十塊錢，大後天的明天我就有五十塊錢了！」

於是她開心的拉著我的手，對攤位上的小兔子說：「大後天的明天，我就可以把你買回家了！」

因為錢是自己的，可以自己決定，孩子反而比較容易有計畫性的購買。因為每一天只有十塊錢，他很快就明白，錢得來不易，反而會去一攤一攤比價錢，買東西的衝動性會降低，得來不易的東西也比較容易珍惜。

延遲享受，真的需要練習。

五天後，女兒抱回來一隻猴子小布偶，這隻布偶現在就掛在我家樓梯，那是她自己第一次花錢購買回來的紀念品，可以抱、可以揉、可以掛在身上，更可以提醒我，珍惜與孩子相處的甜蜜時光。

遊戲裡學理財

傳統教育裡，家長很少跟孩子談錢，彷彿談錢就沒了格調，談錢就俗了。但現代社會，理財是重要的一環，學校沒有教，孩子卻一生得用上，怎麼辦呢？

其實有許多理財類的桌遊，相當適合用來帶孩子學習，有些學校會拿來在課堂裡玩；在家裡備妥理財桌遊，假期裡陪孩子玩個幾次，很多財金素養就在無形中潛移默化，自然進入孩子的認知裡。

最簡單的理財桌遊是「大富翁」，它的價錢便宜，人人買得起。「大富翁」遊戲長銷多年，玩法簡單，經典不敗。嫌「大富翁」太老套的話，「地產大亨」、「酒店大亨」的模型精美、「運財智多星」的股票會漲跌，「生命之旅」甚至有股票、分紅的概念，還有各種競拍物品的「上流社會」，都很適合全家大小一起玩。

重點在於每一回的遊戲後，花點時間讓孩子發表，他這回怎麼成功，或是哪個點失敗了，下回再玩時要考慮什麼？能分享、能討論，孩子就會記取經驗。人生理財失敗，要東山再起，需要絕大的毅力與運氣；透過遊戲的練習，雖然輸了會有點糗，卻在不知不覺裡，知道如何綜觀全局。

不過玩「大富翁」可以更有創意，機會、命運卡可以配合時事自己再製，例如地震來襲，硝煙四起；地球暖化，冰層融化……。我讓學生自己想、自己設計，他們也因此悟到：人生有太多不可預測，明哲保身之道就是：現金不能全部投資，至少保留一部分。你看，這都是在課堂裡學不到的知識。

再大一點的孩子，可以玩「模擬人生」、「現金流」之類的理財遊戲了，它的操作有更多細膩的技巧，但卻可以學到更多有趣的知識。

重點是：只是玩完而沒有討論的遊戲，那就真的只是遊戲。

零用錢學理財

我教小學，然而小學的孩子多半只有早餐錢，說白了，如果沒有早餐錢，很多孩子是沒有零用錢的。問家長，怎麼不給孩子零用錢，父母總說，小小年紀用什麼錢，要什麼我買給他就好了，要是拿去隨便亂花……

孩子小時候的確不太懂錢的用處，但是隨著年紀增長，他開始有用錢的需要，例如買文具、買玩具。因為需要，愈長大愈會計較，包括紅包裡的錢，他也會格外注意。

最好的方法，還是給零用錢吧。

例如，每週給孩子五十塊錢，一個月也不過兩百元，孩子卻可以透過這每週都有的兩百塊錢，學著去規劃金錢，或是學習記帳的習慣，把沒花完的錢存下來，又學會了積少成多的儲蓄習慣。

零用錢給多給少，紅包該留多少給孩子，這都可以商量討論的，父母把它當件正經事談，小朋友就學會金錢是件可以拿來談的事，金額多寡更不是萬年如一，小朋友年紀愈大，對金錢的需要愈多，如果只有早餐錢，你猜孩子會不會為了買自己想要的，而寧願餓著肚子呢？

別擔心孩子亂花錢，人生偶爾會有那種衝動購買的時候，別說孩子，很多大人都是網路剁手族啊！然而想想，即使孩子因為一時爽快，把這週的零用錢全花完了，好像挺浪費的，但是，他得再等下週才再有零用錢進來，這就是自然處罰，一回生、二回熟，用小額的錢讓他體會當「月光族」的苦惱，你覺得划不划算？

從金錢對價學理財

股神巴菲特的理財啟蒙老師是他爸爸。他六歲生日時，父親給他二十美元，加上他自己賣口香糖、可樂的收入，都存在他的第一本銀行存摺裡。

短短兩行字裡的訊息是，理財教育來自家庭，而且愈早愈好。自己不先試著掙錢，就不會知道生活的艱辛。

一般孩子雖然學了數學，對金錢的概念還是很模糊。之前有個很棒的教案，透過讓孩子讀分類廣告，帶領他們思索，如果依照自己現在的能力，可以找到多少薪水的職業，這樣一來，孩子對金錢的對價關係就會有比較深刻的印象。

另外，也可以帶著孩子到自己上班的地方（但要避開危險的場所），告訴孩子，自己這樣工作一天，會掙多少錢，夠孩子買幾個玩具；在超市，可以告訴孩子，超市的員工辛苦一天會掙多少錢，夠去幾次遊樂場；或想買一雙名牌球鞋，得要辛苦工作幾天。用具體的事例，讓孩子明白工作與消費之間的關係。

至於許多家長常問：做家事需不需要給零用錢？

我的看法是，做自己的事不該給獎勵，例如收拾自己的房間，把功課寫好；做全家人的家事，像是掃地、倒垃圾或幫忙收衣服等，這也不該給獎勵。然而額外增加的事，比如做資源回收換來的報酬，爸爸額外指定的洗車工作等，家長倒是可以給孩子一點報酬。

透過勞動換取報酬，用自己掙來的錢，是很光榮的事，孩子年紀愈大，想去打工，只要不是非法太過危險的事，都可以鼓勵他們去做。

你賺的一塊錢不是你的一塊錢，
你存的一塊錢才是你的一塊錢。

——王永慶

王永慶先生說得沒錯，節約，真是孩子該學的品德。記得很久以前，我曾著迷於一艘大和號模型戰艦，它的模型精細、比例合宜，價格卻不便宜。當時父母根本沒「閒錢」買給我，所以我決定去打工送報紙，賺取買模型的錢。送報很辛苦，要送幾十戶人家，無論颳風下雨天天都得去。那時媽媽勸我打消念頭，她認為我一定爬不起來，可是我堅持要去。現在回想起來，還是覺得很驕傲，因為那段日子，我是為了夢想在工作，咬牙苦撐。存夠錢那一天，剖豬公、挖撲滿，滿手捧著零錢去書店買模型的情景，時至今日依然難忘。

鼓勵孩子透過存錢買想要的東西，把存來的錢花在想做的事上，是一種幸福。得來太過容易的東西，孩子不會珍惜，享受流汗的成果，彌足珍貴。

14 今天，孩子做家事了嗎？

很多家長以為，孩子只要把書讀好即可，
結果孩子功課確實頂呱呱，
卻連針線都不會拿。
如何教出一個肯負責、知感恩的孩子？

看似不起眼的家事，其實蘊藏了非常多的功效。以掃地為例，要學習使用掃把，孩子便會在一次又一次的掃地實踐裡，學得自我反省與修正。做過家事的孩子，不僅學著負擔一點家庭的責任，更能體會父母的辛勞，學會感恩，而且做完家事，讓人充滿快樂與成就感。

教孩子做家事，真的好處多多，所以學校的聯絡簿總會有這麼一行：「今天做（　　）家事，完成打勾。」

有一回我去家訪，聊到家事，順口問家長：「孩子有做家事的習慣嗎？」

媽媽不以為然的說：「哪有，都說功課多到做不完。有時候看他在玩，催他做，他就說弟弟也沒做，兩兄弟推來讓去，最後都是我做。」

「可是聯絡簿上都有打勾啊？」我不死心地追問。

「他自己勾的，」媽媽又好氣又好笑，「還叫我不能告訴你。」

回到學校問小朋友，十個裡有八個答案都差不多。

現代家庭孩子生得少，個個都是寶，哪捨得他們做家事？

難怪很多孩子拿著掃把，腰也不彎，隨興掃兩下，就說：「好了。」

「掃好了，那角落呢？」

「反正又不會走到那裡。」他說得理直氣壯，我聽得啞然失笑。

家事需要學，責任也是。在學校，每換一項掃地區域，我會讓小朋友先認識掃除用具，帶他們看一遍打掃環境，然後問他們：「怎麼做，才能做得又快又好？」

幾個小孩很快就會歸納出方法，互相學習掃具用法，討論分工區域，共同商量打掃順序。

讓孩子自己動腦想一想，媽媽和老師不要老是跟在孩子身邊，留一點空間，放手讓他們去做。即使是掃地、倒垃圾這種簡單的工作，也要他們動動腦後再動手做。手腦並用的效果，當然比較好，能夠從體力活動中學到專心的負責一件事，把它完成，對孩子來說是不是很重要？

把做家事變成扮家家酒

小時候，我很喜歡讀《湯姆歷險記》，其中一幕是湯姆的姑媽要他去刷油漆。刷油漆是重複單調的工作，況且那天的天氣炎熱，做這麼重複單調的工作，真是令人苦不堪言。想起湯姆怎麼做了嗎？他就像個藝術大師般，拿著油漆刷子東一筆西一筆，認真執著的對付那一道圍牆，他的舉動招來社區裡大大小小的孩子。

「你在做什麼呢？」

「嗯，不能說，這太難了。」

「看起來好好玩，讓我玩一下。」

「不行，你們不會的。」

「我會，我會，我這顆蘋果又脆又好吃，給你吃，讓我刷幾下。」

湯姆故做沉思，暗自竊喜：「這……」

「也讓我摻一腳吧，我的模型飛機送你，求求你，讓我玩十分鐘就好。」

結果，刷油漆的工作被其他孩子包了，湯姆還多了一堆零食和玩具。利用孩子們的好奇心，引起他們的興趣，大家一起分擔工作，正是湯姆的計謀。

沒錯，就是要善用孩子的好奇心，把孩子能力足以擔負的家事，用遊戲的方式交給他們，孩子便很容易樂在工作。讓孩子揀菜、洗米，為家人擺碗筷，對他們來說，這是大型的扮家家酒，獎勵品是等一下真的吃得到，他們會玩得十分開心。

有一回，我們舉辦親子讀書會，要求每家都要帶一道菜餚與會。一位小二的小女孩陪著媽媽做菜，媽媽覺得鬆餅最簡單，隨手教她做，打蛋汁、調口味，小女孩玩出興趣，烤出一大盤鬆餅來。

「孩子自己做的，味道可能……」孩子媽媽抱歉的說。

鬆餅有點硬，可能烤過頭了，但因為是孩子親手烤的，大家都稱讚她做得好，一大盤鬆餅風捲殘雲般，頓時被清光了。那一晚，她成了我們口中的鬆餅大師，人人都期待她下回再大展身手。

後來每回讀書會，她都會主動做些點心來，手藝愈來愈好。聽說現在已經會烤蛋糕和一道「保證讓你們口水直流的點心」，她臉露微笑，表情滿是自信。

先讓孩子感興趣，做有興趣的事才能持久，這是讓孩子承擔責任的第一步。

不急著善後，自然懲罰

很多孩子希望養寵物，信誓旦旦的說，會愛「牠」一輩子。可是小動物買回家不到三天，興頭一過，食物盤空了沒人理，籠子髒了沒人清。別急著幫孩子善後，利用自然懲罰法——不照顧小狗，當然不能和小狗玩，一天沒做到，就一天不能陪小狗玩。時常忘了做，對不起，為了小狗好，寧可狠心送走小狗，也不能讓孩子養成不負責任的態度。

對付粗心的孩子也一樣。老是忘了帶作業或課本回家，這是孩子的工作，也是他的責任，怎麼辦？請孩子自己跟老師解釋，接受老師的處罰，因為這本來就是孩子自己該負責的事，你愈擔心，愈幫他，他就愈學不會「記起來」。

孩子該洗的碗不洗，那媽媽也有權利不在髒兮兮的廚房裡煮飯。想讓媽媽開心煮飯，每個人都該把自己的事做好，否則今晚不開伙，媽媽請爸爸上小館子吃飯，小朋友呢？對不起，今天晚上可能只剩餅乾吃！

也就是說，當孩子對自己「份內」的工作不負責時，你大可不必唸他、罵他，造成親子關係的緊張，更不要過分「代勞」。對於不負責任的孩子，就讓他們學著接受不負責任所帶來的後果吧！

讚美，需要講清楚說明白

有一年，我們和台北市文湖國小進行城鄉交流。行程中有一天，他們要帶我們參觀校園。那是新建的校舍，環境當然漂亮，猜猜看，文湖孩子最驕傲的地方在哪裡？

不是新建的圖書館，雖然裡頭藏書豐富。

不是視聽教室，雖然那些器材功能先進。

文湖孩子興沖沖帶我們去參觀的是：廁所！他們的廁所打掃得潔白如新，光可鑑人；有香味，聽說是孩子們自己帶來的精油；裡頭掛的畫，是他們手繪的；還擺設親水性的盆栽，「這種植物才耐得住潮溼。」

小朋友很有禮貌，很有自信，拉著我進男廁，訪女廁，就是想讓我見識見識七星級廁所。雖然那是他們的掃地區域，我卻怎麼也想不透，有人把廁所當成寶。

「這是你們的家長來掃的？」同行的家長問。

戴著牙套的小女生笑得好燦爛：「我們自己掃的。」

她推推另一位長髮同學說：「她是組長，放學後自願留下來加強清潔，說要比五星級更好。」

老師把功勞全歸給這群孩子：「掃地區域分配下去，我只是誇了他們幾句，他們就愈做愈好。結果，廁所成了他們的驕傲，也快變成我們學校的特色。」

那次行程最讓人難忘的，就是這幾間廁所，每個細節都想得很周到。誰說城裡孩子不能把家事做好？

當該做的工作沒完成，你可以利用自然懲罰法，讓孩子自己體會，「一個人沒把事做好，會影響到很多人，包括自己的不便」。但是也要多在人前誇讚孩子，讓他知道，你在乎的不見得是功課，或許只是他會自己摺被子，主動照顧弟妹，能準時倒垃圾。

在人前誇他，明白指出他做得好的地方，孩子會知道，父母更看重的是這些小細節，他們就會持續做好，並且成為一個肯負責、有自信的孩子。

15 善用角色扮演，將危機變轉機

脫離說教的單向傳播方式，運用角色扮演讓孩子卸下心防，也能讓孩子學習以同理心待人，培養關懷與包容的能力。

叩叩叩！

「把門開開，我要進來啦！」我用手指在門上拉出一陣嘰嘰嘰的聲音。

「你是誰？」小紅帽怯怯地問。

「我是大野狼！」

「你是拔鼻啦！」

「不不不，我是大野狼，」我把手伸出去等她鑑定，「這是我的爪子。」

「大野狼有尖尖的爪子。」

「不然，你看我的腳。」

「大野狼不會有香港腳，」她繼續堅持，「你是我拔鼻。」

「呵呵呵，我已經把妳的拔鼻吃下肚，我現在穿的是他的『皮』大衣。」

「我不相信！」女兒把門打開，衝過來抱著我，「你是我的拔鼻！」

我投降，摸摸她的頭，「不行，妳這樣沒有通過考驗，如果有一天，大野狼裝成我的樣子，妳就會被抓走了。」

我再度退到門外，重新扮演一隻嘶啞著嗓子想衝進來的大野狼，女兒呢，當然是嬌小可愛的小紅帽。那時，女兒只有四、五歲，她的世界裡存在的都是好人：給她餅乾的老婆婆、帶她去看鳥巢的大姊姊、常誇她乖的左鄰右舍。女兒天真無邪，十足像是壞人輕鬆一抓就走的模樣，該如何是好？

角色扮演，演練安全教育劇碼

為人父母者都知道，外頭人心可能險惡，父母無法二十四小時盯著他，如果不教孩子自我保護之道，真的會心驚又膽跳。怎麼教？「角色扮演」就是我家當時常玩的遊戲。

像上面的例子裡，壞壞的大野狼是我，想盡各種辦法要騙女兒開門，拐她把衣服脫掉，甚至以糖果誘惑，只要她跟我走出去。她從一開始的「爸爸，你不要再裝了。」，進步到「我媽媽說不能拿別人的東西。」看她進步得神速，讓我們這對懷有極高焦慮的父母安下心來，即使偶爾讓她一個人在客廳看書，也不再憂心忡忡，擔心會有大壞蛋跑進我家把她帶走。

沒辦法，你可以說我淨教孩子不相信人性，但是許多數據讓我知道，大多數的性侵來自熟識的人，很多壞人會穿著制服，假裝他只是進來檢查個瓦斯，更遑論那些無所不在的詐騙集團。

角色扮演是安全教育的好幫手，小朋友超愛演戲，很容易融進那種情境，玩得不亦樂乎。你可以想像各種突發狀況：失火了怎麼辦？逛夜市迷路了，去哪裡找人？以今日社會新聞傳播之發達，天天都有各種情境可以演練。如果你還是找不到訣竅，有一本童書叫做《我有絕招》，裡頭從居家瓦斯安全談到詐騙電話來了怎麼應對，拿來讀讀，和小朋友一起玩角色扮演，包準你很快就進入金馬級大明星的行列。

有一回到北京玩，頂著氣溫三十八度的豔陽，女兒走累了，她的嘴翹得可以吊半斤豬肉，別人在照相，她連動都不想動。我只好告訴她，今天她很幸運，遇到了神燈王子，只要摩擦拔鼻肥肥的大肚腩三次，神燈王子就會出現在她面前。

「真的哦？」小妮子的眼睛亮了起來。

「真的。」我笑著說。

「太好了！」她迫不及待地伸出小手。

「等一下，」我急忙制止，「神燈王子一天只能出現一次唷。」

她點點頭，立刻摸摸我的肥肚腩，「好，神燈王子你快出現。」

天氣晴朗，頤和園的山水如畫，神燈王子巍巍顫顫的現身：

「妳找我？小丫頭！」

女兒瞇著眼睛笑了，「你是神燈拔鼻。」

我搖搖頭，「妳錯了，我平時假裝是妳拔鼻，真正的身分是神燈王子。妳有什麼願望？」

「我走不動了。」

「沒問題，我可以帶妳到任何一個地方，不過，因為我當拔鼻太久了，今天只剩下一百步的法力。」之後的畫面，你可以想像，一個胖胖的拔鼻背著不算太輕的小女孩，走在頤和園的山水間，雖然畫面可能不太協調，可是直到現在，我仍覺得那份記憶很美。

克服、化解緊張的人際關係

孩子上小學後，角色扮演也是幫助孩子克服緊張的人際關係、練習與他人對話的好方法。

記得有一回，女兒放學時哭著回家。原來開學才一週，她的一盒蠟筆在一夕之間就被用完了。

「難道妳沒事就在學校畫畫？」

她搖搖頭，說是蠟筆被同學借去用了。

「他說明天會把蠟筆還我。」這個明天一拖，就是天長地久，而且不是一次，我們每回幫她帶一盒新的蠟筆，沒多久，她就會回來稟告，蠟筆又用完了，因為同學又借去用了。

「這樣不是辦法，妳要跟他說，請他自己帶。」

小妮子搖搖頭：「我不敢，他好像會打人。」

小朋友之間的事，總不好由家長出面，可是要怎麼委婉拒絕同學，卻又不傷了彼此的友情，假使沒有妥善處理好，小氣鬼、見死不救的標籤，說不定就此跟著孩子。

用一個晚上的時間，我扮同學，她演自己。

「同學、同學，我要借蠟筆。」

「為什麼？」

「我很愛我拔鼻，我要畫一張卡片跟他說我愛他。」

「用自己的蠟筆畫卡片，會更漂亮哦。」

「吼，妳是我的好朋友，妳不借我哦？」

「我的蠟筆上次被你畫完了呀，對了，美術老師有蠟筆，要不要我幫你借？」

練習過後，女兒順利擺脫恐怖的蠟筆殺手，也沒有讓友誼產生裂痕。

隨著孩子年紀愈來愈大，我們在家還練習過：

兩個好朋友都要我選一邊站，從此不要理對方，我該怎麼辦？

老師叫我管同學，可是我不敢管（或不會管），我能怎麼處理？

遇到同學示愛，我該怎麼回答？

有個男生老是來勾勾纏，我要怎麼拒絕他？

遇到上述種種狀況，家長衝到學校不是辦法，拉孩子練習一下狀況劇，正好有多餘的時間，讓他思考怎麼做回應，再和孩子討論多種解決的辦法，分析不同的反應，可能造成什麼後果，再由孩子從中擇取最恰當的處理方法。多練習幾次，孩子的臨場反應就會愈來愈好，他們會學習處理危機，最怕的是手足無措，而幽默的角色扮演方式，往往有四兩撥千金的功效。

放下武裝的大人面具

和女兒扮演過的幾個角色，都是我們父女間的祕密。我有一隻魔手，常出現在她生氣的時候，只要魔手一揮，非得呵癢呵到她笑為止；也會有一位太空艦長，適時出現在塞車途中，只聽太空女王的命令；她和同學吵架了，我也能變身為她的好朋友小菁，等著她來道歉，讓她解釋爭吵的起因。

她不太愛吃青菜，我們家的餐桌會變成童話天地，蔬菜水果都會上台自我介紹，邀請美麗的小公主當評審，說說吃了誰最好。還是不肯吃？最可怕的苦瓜就會自我犧牲，勇敢跳進笑個不停的公主胃裡……

角色扮演，脫離說教的單向傳播方式，能讓孩子卸下心防，也能讓孩子以同理心，擁有關懷與包容的能力。遊戲很簡單，只需要你放下武裝的大人面具，不必準備任何道具，發揮想像力就好。

準備好了嗎？來吧，數到三開始變身：一、二、三，現在你是……

16 五步驟，孩子不再被孤立

在群體裡被孤立的孩子，內心其實都渴望擁有朋友，卻往往不明白問題出在哪裡、不知道從何做起。協助孩子找出問題癥結點，並逐一突破，重新開展同儕關係。

面容清秀，功課好，體育佳，會拉小提琴和攝影，他是十足的超完美小孩。在升上五年級時，他卻成了「獨孤王子」。上課時，沒人要跟他同組，下課沒人找他打球。放學後，只剩他自己孤獨的走回家，那背影愈看愈寂寞。

怎麼會被孤立得如此嚴重？我找來同學了解，小朋友一人一句，口水都快淹沒操場：

「他看起來很高傲。」

「愛嘲笑別人。」

「上課老是捉弄同學。」

「他說話白目……」

日積月累的小事，終於在同學們的心裡，烙下一個獨孤王子的形象。對高年級孩子來說，這種印象一出現，想扭轉乾坤，請來大羅金仙都不見得有效。

那年我才剛接這一班的導師，離畢業還天長地久，邀請家長到校商談，家長搖頭說：「不會呀，在家都很乖。」（很多家長都這麼認定，孩子回家也不敢明說。）

接著，我找孩子過來談一談，他看著我，淚水在眼眶裡轉呀轉。

「想不想多幾個朋友？」

他無言，但點點頭。

「想不想改變一下？」

他想了很久，終於問：「怎麼改？」

對呀，怎麼改變刻板印象？年紀愈大的孩子，印象愈難更改。

真實人生不像卡通。如果你看過電影《四眼天雞》（*Chicken Little*），一定對劇中那隻時時嚷著天要塌下來的雞小弟印象深刻。他是全鎮的怪咖，講起他，大家都把他當笑話。幸好有一天，天真的掉下來，雞小弟意外拯救地球，怪咖從此搖身變成人氣王，鎮上的人突然都愛煞他。

然而真實世界並非如此，想扭轉別人的印象，不僅需要時間，你和孩子都要有耐性，一步一步苦心經營。稍一不慎，小小出錯，又會前功盡棄。

五步驟，處理孩子被孤立

兒福聯盟調查發現，近六成五的學童曾因為在學校遭排擠、被嘲笑，每天恐懼上學。若不想讓孩子在班上被孤立、排擠，父母得幫忙。儘管化解隔閡不易，但也不是不可能，只要防範得宜，多加注意，還是能幫孩子重修人際關係課。即使當不成人氣王，至少不必變成班上的冷空氣。怎麼做？以下是我的建議：

一、調查原因，釐清真相

羅馬絕非一天造成，小孩壞壞的形象也不會一天就形成。先調查一下，從常接觸孩子的人問起，像是學校、安親班的老師，開娃娃車的司機。可能的話，利用班上慶生會、戶外教學擔任志工，聽聽其他同學對孩子的評斷：偷人家的東西？愛在課堂上譏笑別人？老是唱反調？行為粗魯，做事漫不經心？

如果孩子遭受的是不白之冤（如：小偷、作弊），因而造成同學的誤解，當機立斷，快請老師協助調查。找出謠言的源頭，澄清事實，早日讓孩子的名聲獲得平反。如果是孩子本身的錯，憤憤不平只會引起更大反感；四處哭泣，更容易製造出懦夫或愛哭鬼的形象。

建議做法是勇敢接受別人的評價，讓孩子練習自我覺察的能力，把別人的指教當成努力調整的目標。

二、針對缺點，主動出擊

陪孩子列出改善清單，一次針對一項指標，一次改善一樣毛病，就像那個有名的故事：一個邋遢、頹廢的男人，因為有天接受了一束鮮花，而開始整理桌子、房間，最後整理儀容，成功改造自己。

當然，那是講故事，現實的目標很難一步到位，既然壞形象已深植人心，要想扭轉乾坤，一樣一樣來吧！清單列出後，請孩子提出解決的辦法：

自然老師說，你上課時喜歡到處走動，亂動別人的實驗器材。你該怎麼跟老師保證，不會再這麼做？

阿正他們說，你老愛指揮別人，自己卻什麼事都不做。你能不能想一想，該做哪些改變，讓同學願意和你一起玩？

同學不喜歡和你同一組，因為你老是遲交作業，害他們被扣分。你該用什麼方法，重拾同學的信任？

大家都說你不愛洗澡，身體發出臭味，所以沒人想坐在你附近。你該怎麼改變，才能讓同學喜歡你？

能夠自我覺察，才能自我克制；能夠對症下藥，漸次改善壞毛病，對孩子來講，何嘗不是自我鍛鍊的開始？

三、**抬頭挺胸，建立自信**

即使被拒絕、被孤立，也不要孩子變成可憐蟲！請告訴孩子：抬頭挺胸，面露微笑，被拒絕了，也要很優雅、很堅強。接著，讓孩子練習下面的幾個簡單句子：

「這回不行，那下回吧」、「好吧，就這樣囉」堅定的短句子可以保護孩子，在他被毫不留情的拒絕時，迅速脫離受傷害的戰場。

伴隨拒絕而來的，有時還會碰上同伴無情的嘲諷和捉弄。和孩子一起想想，有沒有自我解嘲、反方向思考的回應之道，例如：

被人嘲笑頭太大時，「我媽說，頭大的人才聰明。」

被人譏笑身高太矮時，「法國皇帝拿破崙比我還矮呢！」

人生轉個彎，風景會更好。被人譏笑，也是自我成長的開始！

四、轉換情境，重新出發

等不及孩子的改變，怕他因為被孤立而嚴重影響信心？速成的方法，或許可以先讓孩子參與其他活動，例如：棋社、合唱團、擔任公益團體的志工、學點新的才藝。從一個彼此陌生、氣氛友善的小團體再次出發，讓他在這裡練習交友的技巧，鼓勵孩子新的正向行為：

「指揮老師誇你今天表現得很有禮貌，媽咪也很高興。」

「你懂得分享玩具，讓那些小朋友都很開心，你覺得呢？」

「這次下棋，爸爸發現你輸了之後，不但沒生氣，還很有風度的說謝謝指教，你那時怎麼想的？」

注意孩子在人際關係上的新進展，誇獎他，並請他把學來的方法帶回舊朋友圈，試試看有沒有變化。

新的活動與友伴圈，是新的契機。如果孩子又出現老毛病，可事先以暗號約定提醒他，讓他記得：自己又在生氣了、又在八卦了、又在瞪人了。實地多練習，漸漸就能與人群相處得愈來愈融洽。

此外，透過新的活動也能幫孩子發現自己的特質。愛迪生小時候被當成白癡；愛因斯坦更是從小就被視為低能兒，到四歲還說話結巴。結果呢？一個成了發明大王，一個是相對論的發現者。每個孩子身上都有不同的特質，化危機為轉機，幫孩子找到他的特質，從特質裡建立自信，把眼光放遠、格局放大。有寬大心胸的孩子，自然會展現迷人的自信。

五、友誼清單，單點突破

在幫助我們班的「獨孤王子」時，我察覺事態有點嚴重，所以我陪他重新整理了一次人際關係表，列出一份他覺得班上誰對他最不友善、不友善、挺友善和友善的名單。想讓全班同學同時喜歡他，肯定不容易，假如能找到幾位，甚至僅僅一位同學願意開始接納他，就能有效降低孤立感。

他把友誼清單列好後，我發現，真的對他很不友善的，只有一、兩位班上的意見領袖，多數同學都在不友善和挺友善之間，友善區也還留著幾個名字。當他看到名單上不友善區縮小，頓時令他感到班上同學並不是那麼可怕，也沒有那麼多人討厭他。之後的下課時間，他會主動去找友善區的同學玩；分組活動時，我也盡量安排他們同一組，終於讓「獨孤王子」不再孤獨了。

孩子被排擠時，不要慌，和孩子列張友誼清單，重新梳理一下他的友伴圈，從那些比較容易接納他的小朋友身上，試著重新展開友誼吧！

鼓勵正義感，化解排擠風

人人都需要朋友，愈是高年級愈需要同儕的認同。當群體在排擠某人，很多原本善良的孩子即使沒加入作弄他人的行列，為了明哲保身，這時大多也會選擇默不作聲。

父母應該常常主動關心孩子在校的情況（愈到高年級，愈需要多加關懷），親子間更需要營造一種開放輕鬆的氣氛，讓孩子願意開口談校園裡發生的事，才有機會在排擠剛萌芽時，就能警覺並加以制止。

最重要的是，老師或家長聽到孩子談到班上別的同學出現這類事件時，應該鼓勵孩子勇敢說「不」。對，得有人勇敢說「不」，站在正義這一方，不加入排擠的行列。

寧可相信孩子都是善良的，善良的心能召喚出正義感。鼓勵孩子勇敢，成為支持正義的力量。只要多幾個勇敢、有正義的孩子，班級裡就不容易形成集體排擠某人的風潮，也會降低「獨孤王子」或「寂寞公主」的機率。

17

該給孩子手機嗎？

手機像魔戒，對凡人有莫大的吸引力。別說是孩子，定力不足的大人都很容易陷進去，你瞧人手一機，低頭滑動、欲罷不能的樣子，簡直像被希臘神話裡的梅杜莎石化了般……

半夜十二點，朋友來電問，他兒子有沒有來我家？一問原因才知道，原來父子兩人吵架，孩子被罵完便跑了出去，夫妻倆到處找都找不到他。

「為什麼吵？」我問。

「還不是因為手機。」朋友嘆了口氣。

這孩子原本功課不錯，總在校排前十名附近，朋友為了鼓勵他，便說：「只要考到校排前五名，就送你一支手機。」

為了買手機，兒子和老爸已經「盧」很久了，現在爸爸既然主動提議，孩子便下定決心，果真在下次考試衝上校排第五名。

手機到手了，孩子可以光明正大的玩手遊，只不過每天玩到深夜，從此成績一落千丈。父子為了那支手機，不知吵了多少回，這一次朋友狠心把手機扔進浴缸，孩子就這樣跑了出去，頭也不回。

凌晨一點多，我們在公車站找到孩子，但父子倆爭吵的聲音，整條巷子都聽得到。

以前我們都怕三C產品影響孩子，其實現在定於一尊，就是手機。

我沒聽說有孩子為了看電視，半夜離家出走的，但是為了手機吵架的事，所在多有，而且愈來愈多。

5G都來臨了，父母還在煩惱相同的問題：該給孩子手機嗎？

手機並不是洪水猛獸，家長不必談手機而色變，然而手機卻也像魔戒，對凡人有莫大的吸引力。別說是孩子，定力不足的大人都很容易陷進去，君不見，捷運車廂裡，人手一機，低頭滑動的樣子，簡直像被希臘神話裡的梅杜莎石化了般。

正向看待科技產品

賈伯斯一定沒想過，十來年前，他把許多功能放進小小的手機之後，這種智慧型手機會整個顛覆人們的生活。

就以旅行為例吧，智慧型手機沒發明前，想去玩得準備這麼多東西：錄影機、錄影帶、相機和電池，車上要有地圖本，算帳要備計算機，付帳要備妥現金或信用卡，對了，還有那支笨重的大哥大……

有了智慧型手機後，去旅行只要記得帶手機和充電線，因為，除了上述功能，現在的手機可以計時當鬧鐘，可以放音樂代替錄放音樂；想看電子書，想要上網找資料；連錢包，可能都可以不用帶了……

有了一支智慧型手機，幾乎什麼都辦得到，它是小型的電腦，因為隨時能上網，我們的生活變得便利無比，讓我們與世界不再有距離，要是搭車無聊可以追劇，認識新朋友能互加臉書。我以前要用桌機才能工作，現在手機一打開，即使人在墾丁照樣能與編輯連絡，照樣校稿改稿零時差。

對孩子來說，他們還能下載各式各樣的手遊，手遊幾乎不用花什麼錢，卻能打發無聊的時間；女孩子喜歡「抖音」，用抖音錄製影片上傳，想變網紅是好多孩子的夢想，而這樣的夢想，只要有支手機一切搞定。

手機還會有多少變化，我無法預測，但我知道一切都回不去了，除非有一天地球爆炸，不然，家長也只能接受手機帶來的便利與可怕的控制力。

延遲給手機，為有手機做準備

我們對手機又愛又怕。愛它的方便，也害怕它的魔力。

美國人家的孩子，平均十歲開始擁有手機，然而比爾蓋茲家的孩子，直到十五歲才擁有手機，你家的孩子呢？

年紀小的孩子，他們容易對手機成癮。矽谷是美國高科技公司最多的地方，那裡卻出現許多標榜低科技的學校，小朋友使用黑板和鉛筆，學校不教他們寫程式，反而教他們動手做獨木舟、蓋樹屋。

很多人都說，手機愈晚給孩子愈好，我們家是等女兒上了高中，必須在校住宿才給她手機。依我猜想，未來你家孩子伸手向你要手機的時間，只會更早不會更晚，或許小時候孩子還會跟家長借，等長大一點點，眼看同儕都有手機，孩子可能就會開始跟父母「盧」了，受不了的家長，就會買支手機給孩子，想說孩子不要來吵就好了。

有了手機，孩子真的不會吵了，但這帶來的後果也很可怕，因為從此他的眼中，可能就只有手機，沒有你。

所以，究竟「幾歲才要給孩子手機」，這個問題父母一定要先商量好，不是怕孩子用了手機以後功課變不好，而是擔心他年紀太小還不懂節制，成天埋首滑來滑去，傷了眼睛、少了睡眠，最後還破壞親子感情。

如果最後決定要給孩子手機，那麼不妨按部就班的漸進式使用。

你可以畫個階梯，當做家庭電子產品的使用規範：幼兒園時期看電視，小學可以借不能上網的平板，高年級開始用桌機做功課，最後到國、高中階段再給手機。父母先討論好延遲給手機的想法與規範，然後向孩子宣布、討論。

延遲給手機，只是希望他們做好使用手機的準備，小朋友最後一定會有手機，至於會出現什麼樣的結果，端看他們做好了準備沒。

制訂手機家規，孩子不用探父母底線

孩子還不到使用手機的年紀，父母就不要心軟替他辦手機，更不必用成績和功課當餌，讓孩子為了擁有手機而努力學習。

不過孩子看大人都在滑手機，會感到好奇是在所難免，那麼就要和孩子討論：每週什麼時候可以借手機，每次可以玩多久，討論好了就和孩子共同約定，一起遵守。

舉我家為例，我家女兒是讀高中時，才拿到人生第一支手機。

在她還小時，我們早早就跟她說明白，等她外宿時，就會給她手機，所以她也不會來吵，因為她知道，等她去外地讀高中時，爸媽會帶她去手機行，慎重的挑選一支適合她的手機。

等到給手機那天，就像魔戒的封印要打開了，孩子一定滿心期待又開心。趁這時候，給他簽一張手機使用契約吧，我女兒的契約長這個樣子：

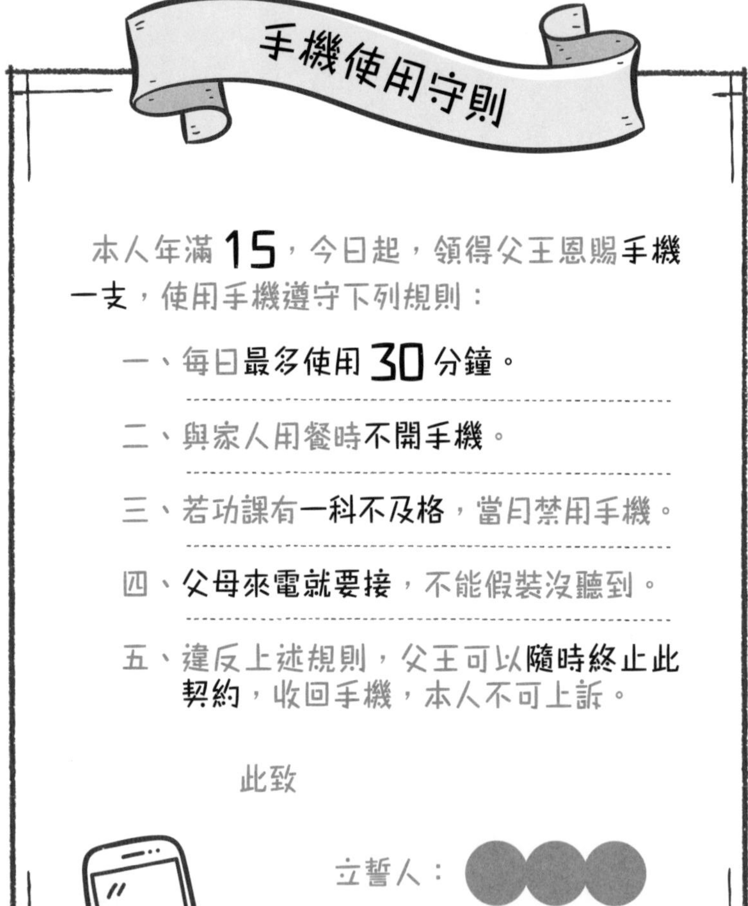
手機使用守則
本人年滿15，今日起，領得父王恩賜手機一支，使用手機遵守下列規則：
一、每日最多使用30分鐘。
二、與家人用餐時不開手機。
三、若功課有一科不及格，當月禁用手機。
四、父母來電就要接，不能假裝沒聽到。
五、違反上述規則，父王可以隨時終止此契約，收回手機，本人不可上訴。
此致
立誓人：

這是我們家女兒用的「手機家規」，歡迎讀者複印使用，或任意添加適合你府上的條款，重點在於：手機家規實施前，需要與孩子好好商量，共同制定；實施之後，要確實執行。若要更改其中的規則，一定要開家庭會議，這樣孩子知道父母不是玩假的，他們也會確實遵守。

家裡有家規，孩子就不需要來試探父母的底線。

更重要的是，家長更該以身做則。你會不會一邊用餐、一邊看手機？無聊的候車時間，你是看手機還是與孩子聊天？每天下班回家，你是先和孩子玩，還是依然低頭猛滑手機？

手機無法取代親子時光，畢竟，孩子能膩在你身邊的時光真的不長，就像你能賴在父母家中的時間一樣。時光一去不回頭，千萬別用手機取代有限的天倫時光，因為，如果你自己都做不到的事，又怎麼能要求孩子未來一定這麼做呢？

手機不只是一台無線開火的遊戲機，運用智慧滑手機，別讓手機控制你。

手機是現代人生活必備的工具，它其實具有很多功能，遊戲只是其中之一。既然如此，與其擔憂孩子沉迷手機遊戲無法自拔，更需要花點時間帶孩子學習善用它，讓手機為我們工作，而不是受手機控制，成天只拿它來嬉戲。

我在學校開了一門攝影寫作課，小朋友可以光明正大向家長借手機，利用手機的拍照、錄影功能，記錄家人生活，最後再化為文字上傳到平台，供同學欣賞、討論。透過這個活動，孩子們認識手機的許多功能，並且利用它來完成作業。

孩子們的畢業旅行，也是透過手機去完成的：去旅行時，沿路的資訊、同學間的聯絡，當天的開支與活動的記錄，全都靠手機。這些都是很實用的課程，家長更應該指導孩子利用這些工具程式，在他們還沒有手機前，就認識手機的種種便利，而不會一味認為：手機只是一台可以無限開火的遊戲機。

★自訂一份屬於你家的手機使用公約！（見下頁）

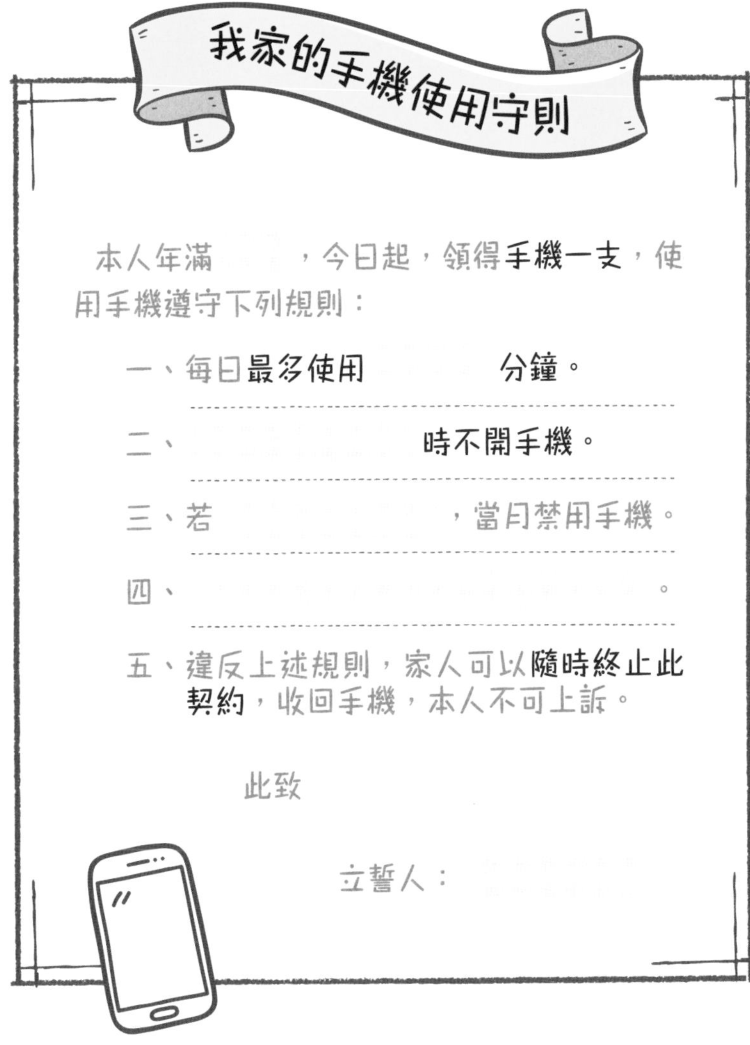

我家的手機使用守則

本人年滿　　，今日起，領得手機一支，使用手機遵守下列規則：

一、每日最多使用　　　分鐘。

二、　　　　時不開手機。

三、若　　　　，當月禁用手機。

四、　　　　。

五、違反上述規則，家人可以隨時終止此契約，收回手機，本人不可上訴。

此致

立誓人：

18 親愛的，我們一起來做運動

健康很重要。
是的，健康遠比孩子上學更重要。
培養孩子運動的好習慣，
等於送給他一生受用的禮物。

星期天傍晚，公園裡人很多，或走、或跑、或放風箏、或溜直排輪，當然也有不少人就坐在草地上。我們一家人散著步，走了一圈後，有對父女的身影深深的吸引著我。

他們在玩棒球，很簡單的傳球和接球。等我又走了一圈經過他們身邊，女孩投球，爸爸當捕手。小女孩只有十歲左右，不論是直投或側投，投球的水準看來頗高。偶爾，捕手爸爸停下來，走上前，輕聲跟孩子交代些什麼，邊比劃邊講，神情輕鬆，應該是叮嚀女兒投球角度，或是跨步幅度之類。女孩點點頭，思索一下，照著比劃一回，捕手爸爸滿意了，這才回去。

那個畫面很溫馨，就像職棒選手在球場上進行專業討論一般。

真喜歡這個畫面！

親子一起運動，創造美好時光

捕手爸爸是職棒選手嗎？不然，怎麼能調教得如此有模有樣？但是仔細端詳了捕手爸爸矮胖的身材，看起來好像又不像，而且身上穿的還是某家電機工廠的制服，就像是下了班，父女出來玩投接球的感覺。

小女孩是參加女壘隊嗎？否則怎麼會這麼認真？但是看她投球的姿勢明明是棒球，偏偏附近沒有女子棒球隊呀！

我按捺不住滿心的好奇，等他們休息時，跑去和捕手爸爸聊聊。

捕手爸爸笑得魚尾紋都跑出來：「沒有啦，就只是帶她來運動運動而已！」

「你打棒球？」我好奇的問。

「愛看職棒啦！」爸爸回答。

「令千金是棒球隊？」我還是不死心的追問。

他眼角的魚尾紋更深了，「她也愛看職棒，去年參加冬令營，學了幾招，有空就練投。」捕手爸爸笑笑，問我們玩不玩？

嘿嘿，機會難得，豈有不玩的道理。那個星期天，我和女兒也學了幾招側投，雖然不成氣候，卻流了一身汗，賺了一個快樂的午后。

運動真好，親子一起做運動，更好！

我想，每個爸爸、媽媽都曾有這樣的念頭，帶著孩子傳傳球，到籃球場上鬥鬥牛。但工作總是很忙，每次想運動卻騰不出時間……

拜託！請不要再錯失這麼棒的親子美好時光，畢竟孩子的童年只有一回。

孩子平常喜歡什麼運動？和他聊聊。

帶他去看場比賽，買些球具給他。我們的目的不外乎希望他們喜歡運動，願意離開電視、電腦，把時間和精力花在運動，保持身體健康。是的，是健康，而且身體健康遠比上學重要。

來去運動，別做沙發馬鈴薯

記得有一則新聞，報導國內肥胖的兒童日益增多，追究原因不外乎是父母捨不得孩子做家事；或是因為科技發達，電視有遙控器，電腦遊戲很吸引人，結果孩子們活動的機會變少，多吃少動，學童自然肥胖。

大家都知道，肥胖不好，容易產生心血管疾病；兒童肥胖更不好，容易影響未來的健康。對孩子的一生來說，擁有健康的身體，其實比會讀書更重要，如果孩子不愛運動，或者沒有場地可以運動，甚至找不到時間運動，我們下一代的健康就令人憂慮了。

在鄉下，孩子們騎車、走路上學。學校遊戲的空間也大，下了課，孩子操場跑一圈，樓上樓下走一遍，活動量大，運動量也夠。

城裡的學校，人多、空間小，下了課，走廊、操場人滿為患，不愛動的孩子樂得縮回教室。就這樣上學坐八小時，放學再去安親、才藝班坐三、四個小時。回家後，天都黑了，想去慢跑，路都看不到囉！

那該怎麼辦？別擔心，大多數的孩子都喜歡玩。如果他說喜歡看電視，那就表示他真的無聊到發慌，簡單的說法是：他找不到玩的方法與去處。

運動，其實就是玩，帶孩子享受流汗的快樂。給他一顆球，他就會自得其樂的玩；帶他去一塊草地，他就會在上頭跑跑跳跳，只要你願意花點時間陪陪他，就能讓他動起來。

呼朋引伴，相招來運動

運動要有變化，獨沽一味，玩久了難免乏味。就像餐廳的菜單一樣，總要隨著季節更迭，推陳出新吸引顧客。所以想讓孩子們愛上運動，而且維持高昂興趣，運動項目就得不定時更新。在孩子還沒發現自己的興趣前，多方鼓勵，多樣嘗試，最好每項運動都玩一玩。有些孩子喜歡球類運動，有些孩子著迷水上活動，輪流更替，保持誘因，說不定，還能乘機發現孩子們的興趣與潛力。

不過，運動項目這麼多，父母雖然是最好的老師，卻不可能是萬能的教練。放心！親朋好友、社區鄰居，甚至公司同事，都是可以求救與扶持的夥伴。有一個好方法，就是找到志同道合的家庭夥伴，兩家的孩子年齡相仿，便可以約了一起打打籃球、爬爬山。更好的是，你找的夥伴愈多，能夠交換的運動人才就愈多。有的爸爸會羽球，有的媽媽擅長游泳，有的爺爺踢毽子很在行。總之，擴充了人才庫，就能易子而教，你和孩子都有更多的收穫。

因此，週休二日不見得要出遠門，住家附近的學校、公園，甚至中庭廣場，都是很方便利用的場地。再說，運動就是要大家一起來，一起玩，方便有趣，才能長長久久。

運動有方，身體不受傷

運動的目的，是讓孩子擁有健康的身體，而非要每個孩子都變成運動選手。孩子能夠體會運動的樂趣，就會願意不斷的「玩」下去。小心，運動也不能過量，並且注意正確的運動姿勢，千萬不要勉強，造成運動傷害，那就得不償失了。

開始運動前，讓孩子先做暖身操，即使只是簡單的跑步，也要他們先動動膝蓋、抬抬腿、拉拉筋。運動量要循序漸進，鼓勵他們自我挑戰。今天跑一圈，練跑一陣子，再加個一圈，進而養成一輩子運動的習慣。只要他們願意來動一動，總有一天達到你心目中的標準。

此外，有些運動，像游泳、網球、武術或溜冰等，需要比較多技巧，找不到熟人交換學習，最好能慎選教練。好教練能從孩子的姿勢，知道出了什麼問題，並提供專業的建議，更能提高孩子學習的樂趣；相反的，有的教練迷信高壓統治，相信棒子底下出高徒，你把孩子送過去，反而扼殺了他的學習興趣。

所以請張大眼睛，為孩子選擇一個好教練（不妨先四處打聽，甚至先旁聽幾堂課），協助孩子調整好基礎階段的姿勢，有了良好的基礎，運動起來比較有自信，興趣也就高了。

隨時隨地都能運動

我們家女兒只愛閱讀，不愛動，要她動一動，比登天還難。一提起要運動，她怕怕；約她去書局，她倒很樂意。從我們家走到書局，來回約莫一小時，書看了，身體也動了，倒是一舉兩得。

我的後車廂放了腳踏車，不管去哪裡，女兒都可以立刻騎上鐵馬，認識當地風土民情。家裡的車小，擺不下三輛腳踏車，幸好台灣現在風景區租車方便，到了當地，我們租車和她一起騎，有時興起，女兒騎車，我們跑步，也很快樂。

飛盤、棒球和羽毛球也在車廂占據一角，全家出遊時，發現有空地，哪裡都能玩。有一回，在高速公路遇到大塞車，臨時下交流道，就在路旁一所國小的操場上打起羽毛球。去露營，簡易的運動器材有呼朋引伴的妙用，原本互不相識的幾戶人家，玩玩球，一下子就熟稔起來。由此可見，隨時隨地利用簡單器具做運動，就能增進親子關係，或是當做友誼破冰的工具。

住公寓的人，運動時擔心吵到鄰居，走樓梯是不錯的選擇。有研究指出，爬十分鐘的樓梯，可以消耗二百五十大卡的熱量，大概是快走的六倍，所以我們回家向來都走樓梯，不但運動，還順便節能減碳。

爬過住家附近的山嗎？換個角度登山，你試過沒有？離海邊近的話，去沙灘上跑跑步。台灣四面環海，離山又近，絕佳的天然環境，上山下海都方便。假日時，實在沒理由和孩子窩在家裡看電視啊！

比起催孩子讀書、寫字，運動更能促進親子關係，養成良好的運動習慣，是奠定孩子一生幸福的基礎。看完這篇文章，不如先和孩子一起相約去運動吧！

19

哪個孩子不愛閱讀？

每個孩子都有一顆愛閱讀的心，
前提是要找到他們感興趣的書。
想培養孩子閱讀長文的能力，
請從小時候開始扎下根基。

近幾年，閱讀是王道，很多爸媽都知道，孩子從小讀繪本、聽故事，父母也要陪著共讀。如果就此斷定孩子會愛上閱讀，家長從此高枕無憂，似乎又太過樂觀。在教學現場，不少老師、家長反映，升上中、高年級後，有些孩子就是不愛看書，拿到文字書，看沒幾頁，立刻跟周公點頭聊天。

「怎麼辦，我的孩子不喜歡看書！」家長們說得理所當然，因此驟下結論。不！不能輕易投降！別急著把這句評語套在孩子身上。心理學上有個「比馬龍效應」，意思是指父母先入為主的判斷，會影響孩子的表現與成就。當父母真心相信孩子的能力，他就會表現出高度才能；反之，常罵孩子笨，他就會愈來愈呆。同樣的道理，如果你覺得孩子不愛看書，他會順理成章的認為：「我真的不愛閱讀，連我媽都這麼說了。」

為了去掉這個負面效應，請先從你的心態做起，改口把這句話放在心上：「我的孩子是熱愛閱讀的，只要我先找到他的興趣所在。」

不是孩子不愛閱讀，是沒有找對書

孩子熱愛閱讀。不信？問男孩子，他們想不想看連線遊戲的破關祕笈？問女孩子，對星座書籍有沒有興趣？十之八九，小朋友都很有興趣，他們當然喜愛閱讀，只要先找到適合的書。

很多家長送孩子去補習，像是英文、舞蹈、鋼琴，好像去補了習，孩子自然什麼都會好了。但是一說到閱讀，大家都知道重要性，偏偏孩子不愛閱讀，能拿他怎麼辦呢？結果，部分家長的第一個念頭又是找補習班，可惜目前台灣還沒有出現閱讀才藝班，有的爸媽因此轉念把小孩送去寫作班，害得本來就怕翻書的孩子，現在連寫作都討厭了。

想讓孩子喜愛閱讀，先讓閱讀在大人心目中提升地位，絕對是首要之務。試想：小朋友舟車勞頓去補習的時間有多少？回家後寫功課的時間有多少？他們的休閒時間幾乎全被占滿了，哪來的時間讀課外書？所以想要孩子真正喜歡上閱讀，請你務必把閱讀正正經經的當一回事。

先在家裡替書本找個溫暖的家，陪孩子一起打造適合閱讀的場所。

每天挪出時間，讓電視、電腦休息，請出書本陪伴孩子。

常常陪孩子去圖書館，讓孩子捐幾本書給圖書館，陪他參加義工活動。

每個月和孩子去書店逛逛，讓他挑選喜歡的書，擁有自己的書。

甚至可能的話，陪孩子去參加讀書會，不管是親子讀書會還是兒童讀書會，都是接近書、與人談書的好方法。

因為你的努力，府上將充滿了書香，孩子的生活不再無趣。

如果以上幾點都做了，孩子還是不肯閱讀，千萬別放棄，底下的方法，希望對你有所助益。

找讀物，先從興趣著手

「我們家小薇從小就愛花，校園裡的每一種花，她都認識。」說這話的家長多自傲，躲在一旁的孩子，嘴角愉快的往上翹。孩子需要受肯定，可是家長通常很謙虛，人前吝於給予掌聲和鼓勵。你家的孩子有什麼特別厲害的長處，相信父母都清楚，因此，鼓勵閱讀可從這裡來。

孩子喜歡跑跑跳跳，對運動有興趣，那很好，說不定是喬丹第二，《飛人喬丹》這本書，他看了沒？他喜歡拆解東西，家裡的機器都被他拆光了，恭喜你，未來的福特絕對來自府上，快去買本《福特傳》送給他。

我曾經教過一個孩子，功課不好，書都看不下，卻只喜歡後校園那一堆落葉，後來發現落葉堆裡有獨角仙幼蟲，他家那堆瓶瓶罐罐全裝著他的寶。我靈機一動，介紹他讀有關法布爾的繪本，他讀完意猶未盡，把其他法布爾的書全借回家啃光光，還說長大要讀生物系。是誰說他不愛閱讀的？

從小朋友的興趣去找書，多在人前稱讚他，他會很高興，覺得父母了解他，遇到相關的書籍，必然願意花時間鑽研。再多送他一本相關的書，帶他參加營隊，創造機會讚揚他，很多偉大的人物，就是這樣一路上來的。

習慣成自然，累積閱讀量

「好棒哦！他讀完的書已經比他的身高還要高了耶。」親子讀書會時，有個家長這麼說。大家熱烈鼓掌，那個閱讀等身的孩子笑得好靦腆，表情好驕傲。

對於目前還沒有建立閱讀習慣的孩子，可以採用循序漸進的方法，培養他的習慣。現在很多出版社都推橋梁書，一本書約在三至五千字左右，很適合小朋友一天讀一本。一天就能讀完一本，會令小朋友很有成就感，把他讀過的書疊在牆邊做紀錄，加上日期、書目，就是孩子的另一種成長紀錄呢！這樣的智慧量表，具體又簡單，和挑戰電玩一樣有趣。

太厚的書怎麼辦？從每天讀十分鐘開始啊。一般人一分鐘可以讀到三百字左右，十分鐘就有三千字，買個計時器或播放音樂計時，孩子在這段時間內閱讀，日積月累，不知不覺讀完幾本書後，閱讀的習慣也養成了。

激將法也很好用：「十二頁，我猜你今天讀不完？」多數小朋友都會想試試看，更好奇的孩子還會急著想知道結果，乾脆就把書一口氣看完。

在教室，則可以運用同儕力量，大家一起閱讀。在家裡，最好訂一段書香時間，只要家人都在看書，再坐不住的孩子，在十來分鐘的時間裡，總還是能讀下一些內容的。前提是，你也得抽空，既陪他，也為自己充電。

邊剪報，邊學閱讀

「媽媽很忙，你可以每天幫我剪一則美食報導嗎？」不愛閱讀的孩子，聽了這段請求，也會很高興的說好，因為是媽媽請他幫忙。有的家長會幫孩子訂報紙或雜誌，讓孩子有屬於自己的刊物。若擔心訂閱刊物會讓孩子壓力過大（每天一定要看完的壓力），不妨先從家中現有的刊物做剪報。通常小朋友都很高興能幫父母的忙，尤其是能證明能力的事，他們通常都很樂意。

找一份報紙，請孩子每天「幫」你挑文章剪下來。為了「幫」你挑文章，他至少要讀標題，大概看一下內容，無形中，孩子會讀到許多新知識。把夾報的廣告單裁成相同大小，當成剪報單，單張閱讀沒負擔，日後又方便分類，留個裝訂線，一陣子過後就能集結成冊。

當然，你也可以選個主題請孩子找。例如：蒐集旅遊、美食、科技或文化活動報導。事後別忘了稱讚孩子的眼光不錯，挑出好文章。獎勵孩子最好的方法，不如照著剪報內容去旅遊、去吃美食，再告訴大家，這是孩子挑出來的。

把旅行當成另類閱讀

「今年的暑假全家出去玩，你來設計行程好不好？」孩子一聽這種提議，少有說不好的。閱讀書本與閱讀大地，同樣有吸引力。把週休二日的旅行交給孩子去規劃，孩子就必須讀地圖、找書、上網查資料。

有一年，我帶畢業班，那年恰好讀到《少年噶瑪蘭》，因為書裡牽涉到宜蘭的人文地理，又是古今交錯的文章，小朋友很認真拿地圖去找書上出現過的地名。後來我加了一本《八歲，一個人去旅行》，兩書對照著看，小朋友對宜蘭更熟悉了。結果畢業旅行時，我們真的去宜蘭。

「坐火車耶！」小朋友一站站細數，大里天公廟、烏石港、宜蘭和羅東，每一站他們都很好奇，張大眼睛把書中的想像和現實做對照。

本土書籍裡，與地理、歷史相關的故事書為數不少，下回出遊交給孩子規劃行程，你當然可以要求必須是書上曾出現過的景點，玩起來會更有深度。

親子閱讀時間金不換

我家只有一個女兒，不過，她對三國演義熟稔程度，不輸男孩。想當年，她讀國中時功課繁重，我特別買兩本三國，趁晚飯後，父女就在餐桌邊，就著三國各讀一回，各自挑裡頭值得說的點來討論。本來討厭文言文的女兒，透過一起閱讀、共同討論，開始對古典文學燃起興趣。

例如我們講到：呂布兵敗，被曹操所俘。同時被捉的還有張遼和陳宮。「公為大將，布副之，天下不難定也。」三國第一猛將呂布要曹操放了他，他會替曹操打天下。我問女兒：如果妳是曹操，放不放？張遼武藝高強，曹操勸降，張遼卻說寧死不屈，怎麼樣，殺嗎？最後是陳宮，陳宮足智多謀，武藝也不差，當年還救過曹操的命，曹操放不放他？

這段話並不長，可是我們父女倆卻討論了好久：站在曹操的角度，最想留誰？站在陳宮位置，要怎麼表明心志？

好的小說和電影一樣，看完如果有聊過，絕對值回票價，而且從此在孩子的心裡，占有一席之地。找本好書，每天和孩子找一小段來讀，那是往後回憶最美的親子時光，也是培養孩子長文閱讀的起點。

從「親子共讀」，進階到「親子共遊」，五招養成觀察力、想像力，加碼鍛鍊作文力！

第一招 出遊前先神遊

不管在島內或國外旅遊，家長帶孩子出門前，要花點時間做準備。遊宜蘭，讀《少年噶瑪蘭》；遊長江，勾出《唐詩三百首》裡幾首必讀之詩。旅行前用閱讀帶孩子跨越古今，進行想像。旅遊書不是爸爸的專利，地圖也要孩子一起看。還沒出發，憧憬就已經讓等待變成一種幸福。

第二招 設定主題找樂子

每一次旅行，選定一種探險主題，帶孩子大玩一場。例如找「字」、找「招牌」、找「路標」、找「公車站牌」、找「石獅子」，只要留心，處處都在考驗孩子的觀察力。一家子在半路上找東西、拍照紀念，比跑到羅馬競技場還興奮！旅行結束後，把照片挑出來，每張都有個故事可說。貼在作業簿，連同學都覺得稀奇。

第三招 隨時畫畫寫寫做紀錄

帶孩子出門玩，除了拚命照相，錄一大堆回來沒空看的影片之外，讓孩子抽空寫點什麼、畫點什麼，才是出遊最好的紀念品。因為有孩子的筆跡，當時的記憶，就不像照片那麼冷冰冰。準備一本空白筆記本、幾枝色鉛筆或簽字筆，抓到一點空檔時間，就可以拿來畫畫寫寫。大人是孩子的榜樣，親子能一起動手做更好。

第四招—只要三個不貪多

博物館是親子出遊好去處，然而博物館豐富的典藏品，想要一口氣全部看完，常會壓垮孩子的耐性與興趣。建議一個觀念：只要三個，不要貪多。在入口處取一份博物館簡介，請孩子勾選出最想看的三件鎮館之寶；如果還有時間，再選三個他想逛的特展。假設你硬要貪多，拉著孩子一天逛遍二十萬件藏品，那該是一場怎樣的災難？不妨放慢腳步，盡情與想像和感動邂逅。

第五招—一天只排一種練習

旅遊中的每一天，安排一種寫作練習。例如寫一篇美食札記，要她把自己想成美食記者，用舌頭去辨別不同的味道。給她幾十塊錢，讓她自己上街買紀念品，寫一篇小物品的文章。去看表演，則要仔細觀察別人的演出，有條有理寫出自己的觀戲心得。觀察力敏銳了，想像力才能發揮。即使不安排寫作，鼓勵孩子用說的、用討論的，都能時時鍛鍊作文力。

以上五招，家長不妨試試看。把握珍貴的親子旅行時光，還能把觀察力與想像力練好，或許回來後，你會意外的發現，你和孩子都有了一些改變……

20

讀名人傳記故事，學得好品格

閱讀傳記，是培養品格的好方法。
為孩子挑選好的傳記讀物，
鼓勵孩子多多閱讀傳記，
是學得好品格的捷徑。

一八四〇年代，一個英國北部的小鎮，來自四面八方的青年齊聚一堂，他們無視惡劣氣候，默默等待他們的精神導師演講。

他們等待的人叫做斯邁爾斯（Samuel Smiles），他接受這群年輕人的邀請，開設了一個講座，主題內容取材自各行各業成功人士的故事：瓷器工業的瑋緻活（Josiah Wedgwood）、鐵路工業的瓦特（James Watt）和史蒂文生（George Stephenson）、紡織工業的查卡（Joseph Marie Jacquard）等人。斯邁爾斯從他們身上歸納出，這些成功人士都擁有相似的人格特質，像是勤奮、堅毅、執著在自己的崗位等。

斯邁爾斯期許來聽講的年輕朋友，能汲取這些名人的優點，做一個正直、專注、努力不懈的人。這群年輕人也沒讓斯邁爾斯失望，他們後來都活躍於英國社會，成為各個領域的菁英。

幾年後，斯邁爾斯重新整理講稿，出版了一本名叫《自助論》（*Self-Help*）的書。不過，斯邁爾斯大概沒想到，後來受這本書影響最大的地方竟然不在英國，而是遠隔重重大洋的日本。

當時，日本正處於明治維新時代，一個名叫中村正直的留學生領隊，在返國前夕得到這本書，他利用船行時間看完書，還立下志願，要把這麼好的書，翻譯出來造福日本人。一八七一年，這本書真的以《西國立志篇》之名出版。這是第一本正式翻譯成日文的英文書，暢銷程度簡直可以用瘋狂來形容，單單是在明治時代，這本書的銷量就達到一百萬冊。

換言之，在日本明治維新時代，也是日本改革最為關鍵的年代，全日本至少有超過百萬的年輕人，透過中村的譯本，聽到英國講堂上一位維多利亞時期的紳士，娓娓道來的勵志名人故事。後來的故事，相信大家都知道，日本在一八九五年打敗滿清的北海艦隊，台灣割讓給日本……

透過名人傳記學習，竟然可以擁有如此神奇的力量，這是怎麼辦到的？

從傳記故事找學習榜樣

美國波士頓大學的瑞安教授（Dr. Kevin Ryan）曾在研究品格教育教學時，提出一套6E教學法，包括：典範學習（Example）、詮釋釐清（Explanation）、勸勉規諫（Exhortation）、環境形塑（Environment）、體驗學習（Experience）、自我期許（Expectation）。只要依循6E教學模式交替運用，便能掌握品格教育的精髓。其中的典範學習，不管是歷史、文學或現實社會裡，只要是值得學習的英雄或人物典範，都可以拿來當成學習的榜樣，而閱讀傳記就是學習品格的一個重要方法。

以邱吉爾為例，他曾擔任英國首相，帶領英國人與希特勒抗衡；也靠著一枝筆，寫出榮獲諾貝爾文學獎的作品。他還會畫畫，且畫得還不錯；他也是一名好軍官，更擅長演講，他的演講總能鼓舞聽眾。感覺起來，這樣的人應該一生順遂，但是他當戰地記者時曾被俘虜，也被保守黨開除過黨籍，參加議員選舉還落選。

對於失敗，他說：「永不放棄！永不放棄有兩個原則，第一個原則是：永不放棄；第二個原則是，當你想放棄時，回頭看第一個原則。」孩子閱讀《邱吉爾傳》，如果能學到他的這項品格，遇到失敗、永不放棄，是不是很棒？

值得學習的人不少，挑選適合的傳記故事，是獲得孩子們喜愛的方法之一。比方說，喜歡漫畫的孩子，送他一本手塚治虫的自傳準沒錯；喜歡甲蟲的男孩，當然要給他法布爾或是達爾文。

把對的傳記送到適合的孩子手上，孩子會更樂於學習書裡人物的品格，將他們當成楷模，朝成功的方向前進！

好傳記，精挑細選有門道

書市裡針對孩子出版的名人傳記不少，有的出版社一印就是「古今偉人百選」、「孩子必讀名人故事百冊」。陣容浩大的隊伍擺在書架上很好看，但是真的把全套買回家，會有幾個孩子肯主動拿來閱讀？

因此，買名人傳記的第一要點就是：不要一次全買。別貪心，否則大部頭的傳記一擺上書架，造成孩子無形的壓力，反而得不償失。

名人的傳記也有優劣之分，挑選時要注意。有的傳記按年編史，從主角出生當天寫到兩腿一伸，感覺上報導詳盡，其實通篇全是流水帳。除非孩子要參加背誦比賽，如果不是，最好避開。

一本好的傳記，應該能把主角的人生重新再現，觀看主角人物的角度，也不會一味偏頗吹捧或醜化；而是能用客觀的視野，為小讀者重現當年的世界，把主角生活其間的故事，搬到讀者眼前，讓讀者與主角同悲同喜，深入角色的內心世界，感受主角下定決心時考慮的依據。讀到這樣的好傳記，就像在看一部歷史電影，有身歷其境的感受。

挑傳記的時候，建議家長多看幾本做比較，就像一道好菜只要嚐第一口就知道，一本好的傳記也是如此。先讀幾頁，看看寫法順不順；遇到兩本講相同人物的傳記時，直接翻到影響主角一生最重要的大事做比較，版本優劣，一試便知。

鼓勵閱讀，要懂推銷之道

事實上，絕少有小朋友會主動閱讀傳記，至少我就很少碰過，但是每個孩子都喜歡聽故事。因此，當你想推薦孩子讀傳記的時候，別忘了身為父母的權利，你應該要先睹為快，找到心儀的對象，用一種很快樂的心情，向孩子分享幾則軼事，包你成功推銷出去。

真的，像我每回上自然課講到伽利略，說到伽利略小時候覺得上課無聊，只好盯著天花板發呆，卻因此發明了脈搏計時，總能賺得孩子們快樂的笑聲。還有，講到鹿野忠雄漂洋過海，從日本來到台灣找長臂金龜的事，再皮的男生也會睜大眼睛，急著想知道後續發展。

沒錯，傳記不同於其他故事，講的是一個人的一生。人生必然要面對挑戰與困境，有的乍讀起來乏味，必須細細品味才能有所體會。只要師長多花點時間，孩子們就能認識一位生命的好導師，花時間想方法來引導孩子，絕對是必要的投資。

年紀小的孩子，先挑選名人一生當中比較有趣的故事，說給他們聽。年紀大一點的孩子，或許要幫助他先了解書裡的背景資料，讀起來比較不吃力，容易理解。國、高中的孩子，功課多、時間少，讀不了太多大部頭的傳記，不妨找一本合集來讀，每篇三、五千字的故事，一天讀一位，花不了太多時間，卻能快速與傳奇人物相會（尤其寫作文舉例時特別好用）。當孩子遇到想要研究透徹的對象，再把他的完整傳記找來好好拜讀，既深入又節省時間。

閱讀傳記，是學習品格的好方法，挑對好的傳記，是跨出品格學習的第一步。慎選好書，想辦法把它推銷到孩子手上，相信這些人物都能成為孩子終生的精神導師。學得優良的品格，成為正直的好人，讀傳記，此其時也。

在多元社會時代裡，成功的定義不該是單一。成功光環下的點滴過程，用閱讀傳記來學習。

如今已來到多元社會的時代，人們不再用學業來衡量一個人的成就，「行行出狀元」的口號，每個人也都琅琅上口。然而，想要在每一個行業裡成功，除了天分，還需要不斷努力，這些背後的過程，孩子們看到了嗎？因為這個想法，多年前我寫了一本《晨讀十分鐘：人物故事集》，希望為孩子挖掘這些有著獨特生命歷程，發揚生命價值的勇士故事。

建議家長不妨也從孩子的興趣或關注著手，尋找合適的讀物進行閱讀。例如孩子喜歡偶像歌手，追星學唱歌學跳舞，父母希望他們別光看明星光環的美好表象，找一本介紹歌手幕後努力的書，親子一起共讀。孩子喜歡運動，找王建民、郭泓志的故事來閱讀，他們絕對都是台灣之光，但是他們在小聯盟奮鬥的辛酸，孩子知道嗎？希望孩子閱讀這些真實的故事，激勵自己走向成功大道。

21 進入古典文學的桃花源

古典文學與歷史連結，
能鍛鍊歷史思維，更能提升語文能力。
偏偏古典文學的字多又難，讓人一看就想要逃，
如何引領孩子進入古典文學的桃花源？

二〇〇一年大陸高等學校統一考試，考出了一篇滿分作文。那年的題目是「談誠信」，同樣題目若讓台灣孩子來寫，大概不脫〈放羊的孩子〉說太多謊，再沒人相信他的話；〈華盛頓砍倒櫻桃樹〉，因為勇於承認，後來當上美國總統。不過，這篇滿分文章特別之處在於，全篇用古白話文寫成，取材突出，描寫建安二十六年，關羽走麥城，兵敗遭擒，為孫權所害。孫權將赤兔馬賜予馬忠，不料赤兔馬竟然絕食，一女不事二夫，一馬不從二主。臨死之前，赤兔馬還說：

「士為知己而死，人因誠信而存，吾安肯食吳粟而苟活於世間？」

短短九十分鐘，寫出這麼棒的文章，是不是很不可思議？這篇文章的作者蔣昕捷，從童年起就熱愛閱讀古典文學作品，像是《紅樓夢》、《水滸傳》、《三國演義》；尤其《三國演義》中的許多橋段，他幾乎都能背誦。

此文一出，大陸的古典文學一時洛陽紙貴。家長們發現，原來想要孩子語文好，很簡單，古典文學是利器；現代孩子詞彙貧乏，唯一的藥方就是閱讀經典。

好的古典文學往往歷經時代篩選，像是《三國演義》、《水滸傳》、《西遊記》……，這些作品通常不是由一人獨立完成，時間更可能跨越數百年，集合眾人之力，最後才定於一宗。以《水滸傳》為例，故事發生在北宋末年，南宋時天罡三十六星成了說書的話本；到了元朝，水滸故事被搬上戲曲舞台，它仍在演變；最後由施耐庵集大成，把水滸一百零八條好漢的故事寫了出來。

與歷史結合是古典文學的特色；人物個性鮮明、情節曲折、語言生動，更是古典文學美的表現。孩子閱讀古典文學時，剛開始會因為時代隔閡，書寫的文句較難，讀起來有點吃力，此時家長若能從旁協助，相信孩子都會愛上古典文學。

以身作則，分享閱讀樂趣

孩子不愛閱讀古典文學，家長有責。好漢不提當年勇，好家長不一樣，反而要把當年的熱情與孩子分享。

我小時候很愛看《七俠五義》，後來被改編成連續劇「包青天」。當「包青天」熱映的時候，我光看電視不過癮，就自己找《七俠五義》的原著來讀。哇，原來陷空島五鼠一合體，就能打遍天下無敵手，幾乎可比科學小飛俠；至於包青天，日審陽，夜斷陰，福爾摩斯根本比不上。這些都是我當年的最愛，所以推薦給小朋友的時候，總會說得口沫橫飛，小朋友更是聽得津津有味，下了課，幾隻小書蟲全衝向圖書室去搶書。

家長想推薦孩子閱讀古典文學，先從自己的最愛開始介紹。說者津津樂道，聽者也很容易受到感染，因為他會想去印證你的話，體會你的快樂。

忘了細節也不要緊，古典文學值得一讀再讀，每一次都會有不同感受，家長重溫舊夢，也是樂事一樁。

慎選版本，找到意中書

坊間改寫改編的古典文學出版品很多，有的加注音，還有精美插圖，也有的改編本看起來熱鬧有趣，認真讀上幾頁，天哪！孫悟空大鬧天宮只剩兩頁，九九八十一難掐頭去尾，僅存金角、銀角和牛魔王一家。至於其他妖怪呢，礙於篇幅，只得委屈他們留在西天路上作怪。內容刪減得太厲害，優美詞句不見了，人物心情轉折省略了，留下的渣渣情節，讓人讀來昏昏欲睡，簡直成了編年體流水帳。

挑選版本時，家長最好多拿幾本比較，也讓孩子試讀幾頁看看（尤其到了故事後半，很多改寫版愈到後頭愈發流水帳）。慎選版本真的很重要，好的出版社、名家改寫的版本，通常比較有品質保證，是挑書時的加分選項。

孩子到了高年級，不建議讀改寫版，直接挑戰白話足本吧！不必強求孩子整本讀完，選幾段精采篇章，就能讓人讀得血脈賁張。例如：《水滸傳》先讀〈武松打虎〉、〈林沖夜奔〉，《西遊記》就來個〈大鬧天宮〉、〈三借芭蕉扇〉，直接閱讀這些章節，即使遇到艱澀字句，透過上下文推敲，高年級的孩子應可輕鬆應付。

去看戲，書裡人物躍上舞台

古典文學改編成戲劇的作品特別多，陪孩子挑幾齣戲來欣賞，是另一種閱讀，也能促進孩子的興趣。現在的媒體素材很容易取得，大陸拍過《三國演義》、《水滸傳》的連續劇，怕集數太長，就找幾集來看（如：〈草船借箭〉、〈空城計〉）；針對年齡較小的孩子，倘若擔心難度過深，就給他看動畫版、電影版。

有一年，班上孩子讀《水滸傳》，讀到武大郎賣炊餅，很好奇究竟是什麼樣的餅。有人猜蔥油餅，也有人猜餡餅，故事裡找不到答案，直到看了大陸的影集，他們才發現：「是饅頭嘛！」

「對哦，如果是蔥油餅，他得挑油鍋出門，可能會燙到自己。」小朋友議論紛紛，也因此得窺宋代民間的生活實景。

當年《三國演義》曾在電視台播出，我規定學生回家觀看。有的孩子只看了幾集，就像我當年一樣，嫌電視播太慢，自己先把書讀完了。讀完後，天天在班上預告明天會演什麼，如果沒演出來，他就自個兒從旁補充，成了小小三國通。

男生們都喜歡《三國演義》，尤其有線上遊戲的推波助瀾，對每個人物都如數家珍。趁這時候推薦他們讀原著剛剛好，即使讀不完全本，也可以讓他們挑自己有興趣的角色故事讀（像五虎將、周瑜和孔明大鬥智），再慢慢增加篇幅，照樣有功效。

一夜一故事，吸收更快速

孩子都上了小學，還需要聽床邊故事嗎？其實，孩子聽故事的能力，比自行閱讀的能力還要厲害，拿來聽古典文學正好。

古代的說書人，一天只說一回故事，目的是希望客人能夠天天捧場。對孩子說這種大部頭的章回小說，不貪多的話，一天說一回，孩子也會很期待。既然學校有「晨讀十分鐘」，在家就來推行「晚安故事」吧！一晚一個章節，即使是一百二十回的《三國演義》，四個月也就說完了。

故事時間還有另一種好處，孩子聽了有問題，隨時可以發問，父母也能隨時做補充，傳達想給孩子的觀念。傳承的意義就在此，不要放棄這樣的機會。

怕孩子聽膩，不妨在中間加點小花樣，讀到〈草船借箭〉，可以帶他去夜市射射箭；讀到〈空城計〉，可以和孩子琴棋書畫一番（彈鋼琴、下象棋，還加上寫毛筆和畫畫）；吳宇森的「赤壁」也不錯看，裡頭的孔明和周瑜成了相知相惜的知心好友，孩子若對此滿腹疑問，我們恰好可以再加以說明。

真的分身乏術的家長，給孩子聽有聲書也是不錯的選擇。名家口說講評，可以多給孩子聽，有空再換你講，用耳學習，效果更好。

適時吊胃口，閱讀好推手

如果希望孩子能自行閱讀，講故事時，當然要吊吊他的胃口，就像正牌的說書人一樣，「欲知下文，煩請自行翻書尋找」。初期留下結尾不說，讓孩子自己讀。等到孩子閱讀能力愈來愈強時，就可以你讀一回，孩子讀一回。

像我就會跟孩子預告：「今日講完四十七回，龐統獻出連環計；下回是四十九回，會講到孔明七星壇借東風，精采呀！」

孩子舉手發問：「拔鼻，好像少了四十八回。」

「乖女兒，四十八回妳自己看，拔鼻只說四十九回。」

「可是有些字我看不懂。」

「妳可以查字典，也可以問我，更好的是，」我壓低音量：「不懂的地方，也可以跳過去呀。」

我小時候也是遇到看不懂的就跳過，還是把整本《三國演義》看了好多遍，每一次都發現自己又多認識了好多字，多懂了好多事。所以你負責讀一回，換孩子讀一回，讀到最精采的地方，停一下，再朗誦一次，唉呀，那可是最快樂的時刻呢！

22 我不是地表最強老爸

孩子長大了，即將獨立自主，活出精采一生。
做父母的我們，感謝孩子陪我們一段，
別擔心他們飛得太遠、走得太快，
因為家的座標，依然會照耀且引領他們安全回來。

搖搖搖，搖搖搖，清晨突然被搖醒了。

慌慌張張看新聞，沒錯沒錯，是地震！震波在北部，我們家閨女就住那裡……

急急忙忙撥手機，手機沒人接。傳訊息給女兒，也顯示沒讀。還好，還好，我想起來，房東太太有給過電話：「拜託妳去看一下，她剛去台北，人生地不熟，地震搖得這麼用力，她一定會害怕。」

「好……我敲了門，可是沒人回答！」房東太太說得更讓我擔心了。好心的房東安慰我們：「我有認識的鎖匠，只要打通電話，鎖匠二十四小時待命。」

我只能拜託她：「麻煩了，我們這女兒平時不會那麼迷糊，她這麼久沒有起來，那一定是……」腦裡的壞念頭愈來愈多，心裡的擔心指數也愈來愈高。

這時，被吵醒的女兒湊過來問：「老爸，一大早在吵什麼啦？」

我看看她，揉揉眼又看看她，沒錯，竟然是女兒！我連忙安慰電話那頭焦急萬分的房東太太：「不用請鎖匠了啦，說不定她昨天就回家了！」

真的，她昨天就回家了，是我太迷糊，被地震嚇傻了……

手放開，讓孩子自己飛

火箭不升空，永遠不會迷航；帆船停在港口，不會碰上風暴。

不升空，不揚帆，那就不是創造者的目的了，不是嗎？

孩子也是，我們家就只有個獨生女，不管我們願不願意，她終究是要離家，所以，她讀高中時，就住到宿舍去了，大學唯一選擇，就是離家很遠的台北。

也因為只有一個女兒，所以我和我家娘子，早早就開始空巢期。我家娘子又認為，女兒既然去台北，就得善用當地資源，於是女兒把日常活動安排得密密匝匝，連假期都很少回家。真的想她怎麼辦？只好我們做父母的跑去看她。

記得孩子剛搬出去時，有很多事還不懂，曾鬧過不少笑話。

有一回，我們去台北找她，我在她的房裡聞到外婆的味道。奇怪了，她從沒見過我外婆，怎麼會有外婆的味道？難道是隔代遺傳，氣味穿越時空而來？

啊，久違的外婆氣味，令我想念起宜蘭的天空。揉揉女兒的頭，正想誇她，我家娘子卻在衣櫥裡找到一串樟腦丸，不只是衣櫥裡，冷氣邊、浴室和床板下都有一串十粒裝的樟腦丸。

女兒說，前陣子屋子裡出現小強，自己想不出辦法對付牠，只好上網找資料，這小妮子光顧著看網友說小強討厭樟腦丸的氣味，卻沒注意有人提出警告，天然的樟腦丸無毒，而合成的樟腦丸其實含有二氯苯，長期使用可能致癌。

我搖搖頭，真不知道該怎麼念她，只好開始訓練她用拖鞋和鐵砂掌對付小強，然後心裡懷疑，當年外公是不是也怕蟑螂，否則，外婆的房間裡怎會出現這麼強烈的味道。

也有可怕的事。記得她讀高中時去英國遊學，住在倫敦的寄宿家庭裡。有天晚上我們通視訊，她外套掉在餐廳，她得回去拿。

「天黑了？」我們問。

「對啊，你們別擔心，我去去就回來。」

說去去就回，又等了很久，好不容易她回來了，Wi-Fi 通了後，她告訴我們，剛才回到郊區的地鐵站，幾個當地青少年一直跟著她。

一個東方小女孩，面對人高馬大的白人男孩……想到這個畫面，我和娘子緊握著彼此糾結的雙手，卻又不敢讓孩子發現。

「別擔心啦，我就跟他們點點頭，讓他們放下戒心，然後我就故意繞到大街上，那裡人多，遇到一個警察，我就和警察聊了一小段的天……」

她說得雲淡風輕，我們聽得頭皮發麻。她要我們放心，因為再不放心又能怎樣，她在英國，就算我們想搭飛機去救她，也要二十多小時。

我們能阻止她往外探索，阻斷追求獨立的路嗎？

不行，父母能給孩子最大的愛就是放手，放手讓她自行飛，終有一天，她要獨自面對這世間的醜陋與美好。我們能伴她走一段，在這段路上，儘量教她學會欣賞美好與保護自己。如此而已。

愛在心裡，更要表達出來

前幾年有部很紅的片子名叫《即刻救援》（*Taken*）。劇情講一個失意的情報退休人員（連恩尼遜飾演），太太轉嫁商人婦，女兒則跟著媽媽。商人送女兒的生日禮物是去巴黎自助旅行（多闊氣啊），沒想到女兒竟然被阿爾巴尼亞人綁架，預備賣去人肉市場。

為了救女兒，連恩尼遜在一千兩百萬人的巴黎大城裡，找到那批歹徒，獨自瓦解壞蛋組織，救出女兒，也贏回女兒的尊敬。

這片子是我先看的，看完了，我很緊張，急忙要女兒再看一次。

電影演完了，我吩咐她：

「爸爸不是連恩尼遜，妳被綁架時救不了妳，那妳從電影中學到什麼？」

「再找個新爸爸？」很絕情的答案。

「錯了，是妳千萬不要一個人去自助旅行。」

「所以你勸我不要有冒險犯難的精神？」

嗯，我歪頭想了想，感覺好像不大對：「我是勸妳，出去自助旅行時，要提高警覺，尤其是帥哥，愈帥的帥哥，愈有危險性。」

對呀，連恩尼遜的女兒就是在機場被帥哥騙了嘛。

這電影多好啊，看完之後讓孩子有警覺性，所以我們立刻又去租了《即刻救援2》回來看。

還是很好看！第二集裡，連恩尼遜與老婆被綁，女兒穿著比基尼，拿著手榴彈救爸爸。

續集中，連恩尼遜一樣見神殺神、見佛殺佛，看得我自相慚愧，最後連恩尼遜還警告從阿爾巴尼亞來報仇的老爸爸，千萬別再派人來，免得他把他的兒子、孫子都殺個精光。

真是一部「教化人心」的好片呀！以暴制暴，以非法的正義，對抗非法的邪惡力量而不墜。

「這實在太暴力了。」我覺得，「也太不合理了，沒有爸爸那麼強。」

「那該怎麼辦？」女兒問。

我想了想：「以後如果妳來救拔鼻時，要穿得端莊一點。」

「意思是……去游泳時，不能穿比基尼？」

「最好是連身那款，還要有加裙子的，這樣妳來救我時，我會比較安心。」

總之，自從有了《即刻救援》這類的片子之後，很多電影都會刻意強調老爸的強悍模樣，例如《加州大地震》的巨石強森，例如阿諾史瓦辛格的《我的殭屍女兒》。即使沒有女兒的電影，導演也一定要硬掰一個侄女，好讓主角去搶救她。

好了，重點不在這些女兒多漂亮（雖然她們真的都很漂亮），重點其實都放在「地表最強老爸」身上，我想說的重點是：

我．不．是．啊！

女兒是邊看電影邊替我擔心：

「老爸，你不會開直升機。」

「你也不會開坦克。」

「人家還會開船耶！（其實要我開船應該有可能吧？）」

她說的我全都知道，我還知道巨石強森可以胸口碎大石，連恩尼遜有一票不知哪兒來的無敵特種部隊協助他，讓他徒手幹掉一大票歹徒，更不必提阿諾和史特龍了。

好吧，我承認我什麼都不會，但是，我對女兒說：

「老爸對妳的愛，絕對比他們還強大！」

「那，你會來救我嗎？」

「當然……不可能啊！」

「那我如果被壞人綁走了……」

我邊看電影邊告訴她：

「首先，妳不能自己溜去巴黎玩，就算去了，也不能跟太帥的帥哥透露地址。」

「其次，妳有男朋友，一定要帶回來給我鑑定。妳去什麼鬼地方開會，一定要先看好逃生路線。如果妳不幸遇到陰屍路那些殭屍時，要記得假裝是他們的一分子，別忘了在臉上抹點血，妳……」

總之，雖然我不能變成地表最強老爸，我總能當個地表最嘮叨的老爸。

所以，她在倫敦能擺脫那票金髮高大男孩，絕對是我平常嘮叨有方，她才會記得去找警察，知道要沿著亮亮的大街筆直的走，知道要先放鬆呆呆白人男孩的戒心……

愛在心裡，更要表達出來，即使我是用嘮叨的方式來表達。

獨立是送給孩子最好的禮物

父母能給孩子最大的愛，就是送他「獨立」這份大禮，即使你會跟我現在一樣，感覺很捨不得，卻是不得不走的路。

你會看到孩子從百依百順的小女孩，漸漸有自己的審美觀，漸漸有自己的人際圈，漸漸從出外一天，到很長一段時間不回家。

還好，在家裡與你相伴的這段時間，他們學會了自理生活，他們學會了保護自己，他們學會了與人相處，他們即將獨立自主，活出自己精采的一生。

而做父母的，我們感謝他們陪我們這一段。如果你們的感情保持得很好很好，別擔心，即使他們走到南極或飛到火星，家的座標，依然會照耀且引領他們安全回來的。

後記

抓住大方向，教養更成功

教書三十年，教過的孩子形形色色：有的孩子反應快，有的孩子體能佳，有的孩子靠著天生聰明，無往不利；有的孩子則因為後天的努力，最後走出自己的一片天地。

當然，也有很多孩子明明資質很棒，卻因為某些因素，慘遭人生的滑鐵盧；也有些孩子其實各方面條件都具備，卻只差那麼一步，人生因此轉了彎，想修正，得花上好大的力氣。

沒錯，就差那麼一步，結局大不相同。

我想過，如果家長多注意這麼一點點，教養多那麼一下下，孩子的學習就不必那麼吃力。

小時習慣、態度教得好，長大沒煩惱。

常聽人家說「要贏在起跑點上」，其實這句話並不是要小朋友從小去上潛能開發班、雙語幼兒園，真正的意思是——如果孩子能在從小的家庭教育時，先養成該有的態度和習慣，往後的學習自然事半功倍，否則……

或許我們會這樣想：孩子們好逸惡勞，他們喜歡下課、討厭上課，他們期待假日不愛上學，他們只想偷懶、不想寫功課，如果可以選擇的話，他們寧可飽食終日，懶散的看電視、打電動。

實情卻不是這樣的，我問過大多數的孩子，他們都表示，長長的假期雖然很好，但是放假的愉悅往往只能維持一、兩天。接下來，他們就開始期待著開學日的到來。

為什麼？

「因為假期很無聊。」孩子說。

他們愛看電視，那是因為沒有別的事情好做，看電視也很無聊，小朋友會講得比你更大聲。如果可以打球、騎腳踏車、放風箏，沒有小孩願意整天窩在沙發守著遙控器。

我也曾經試過在上課時播放電影，再好看的動畫片，多數孩子在第一節課會顯示出快樂的表情，一節課後，多半的孩子都會問你：

「老師，可以下課了嗎？可以出去玩了嗎？」

誰說孩子愛看電視的？

小朋友也討厭上課不斷玩遊戲，他們渴望有挑戰性的任務，那種絞盡腦汁、動手下去做的成就感，遠勝過不斷玩無聊的遊戲。

是的，實情超出我們的想像。

多數的小孩都很好奇，世界這麼大，他們才在自己的社區生活一陣子，還有好多好多地方沒去過，所以孩子喜歡戶外教學；他們願意花時間去拆解一個機器，雖然他們還不會組裝回去，但是誰知道呢？或許下一個史蒂文生就在你家裡。

多數的小孩也都有耐性，如果你提供的動機夠高，如果你給予的挑戰夠難（當然也不能太難，最好能比他們目前擁有的能力再高一些），他們會耐著性子做一件事——前提是，那必須是他有興趣的事。

因此我深深覺得，如何找到孩子感到有興趣的事，讓他願意花時間去挑戰的項目，是老師或家長的責任。

我曾經帶過一班男生，他們只愛打籃球。暑假時天氣好熱，他們還是願意天天到校練球，一天練三次，每次一個小時。有些孩子甚至回家還會再夜練，即使燈光昏暗，他們卻完全不在乎。

為什麼？只因為有興趣。

那年，我們打到全鄉冠軍決賽，最後當我們壯烈的被淘汰時，那些平時不輕易落淚的小男生，哭得讓天地也為之動容。

這種感覺，我小時候也曾經有過。

小時候，我會抱著一本喜愛的書，讀它讀到廢寢忘食也不厭倦，爸爸、媽媽催我去睡覺，我還會偷偷藏著一支手電筒到被窩裡，無論如何也要把書讀完為止才安心入睡。

我也曾為了買一樣自己喜歡的東西，撿破銅爛鐵去換錢。每天存呀存呀，卻在存滿那天，聽到同學的爸爸生病，沒錢看病，眉頭也不皺一下的，就把錢捐了出去。

真的，重點不在結果，而在存錢的過程。

平時恨不得天天放假，可是老師找我假日回學校做海報，我高興到前一晚就睡不著。隔天一大早，自己帶著水桶、畫具興沖沖的去「共赴班難」，和同學做出超大海報的成就感，現在回想起來，恍若昨日。

更不必提在社團時，苦練一段體操、舞蹈；參加辯論比賽，每天喃喃自語；為了贏過同學，每一次小考都會努力到三更半夜。

回想自己的童年，再來對照今天的孩子，當年的你，有沒有想過有一天，換成我們自己當家長、做老師，一定要怎樣怎樣？

小時候，覺得爸爸不了解我。我想乘風破浪、勇闖天涯，爸爸怎麼連輛腳車都捨不得買給我？所以我小時候的志願是：

如果有一天當了爸爸，孩子要什麼東西，只要是合理的範圍，我一定會買給他。

如果我當了爸爸，孩子有意見，我會讓他說清楚。

我會說故事給孩子聽，不管我工作有多累，明天還有多少會要開。

時光飛逝，魔女的魔杖一點，叮咚！我真的長大變成了家長，還為人師表，曾幾何時，開始也把這些話琅琅上口了：

「這個不行。」

「那個不准。」

假日呢，「我好累，讓爸爸多睡一下。」

在孩子的眼中，我們成了怎樣的爸媽？

讀到這裡，有沒有雙手微顫，而且汗水直流？

如果沒有，恭喜你，你是孩子心目中最棒的爸媽，能站在孩子的角度想，提供他們超棒的黃金童年，相信你們家的親子關係絕佳，孩子們的笑臉如花，每天都快快樂樂的長大。

然而，多數的爸媽其實是很辛苦的。雙薪家庭、住在都會……哪有那麼多美國時間陪小孩？於是，把孩子送去安親班，每天讓小朋友跟著旭日出門，月出東山才回家。逼著孩子參加一堆他根本不想參加的才藝班，最後落得親子對立？

唉呀，怎麼辦？

學習不必這麼辛苦的，給孩子一段優質童年歲月，其實也不難，相信你讀完這本書，應該在這二十二道錦囊裡，找到些許助力。

沒人天生懂得當好父母，因為學校根本沒有開這門課。

我在學，相信你也是，你的父母又何嘗不是呢。

往好的方向想，既然沒人懂，怎麼做好像都可以，只要抓對大方向——希望孩子獨立，希望他不怕困難，擁有良好的習慣……

這一切的根源，就來自一個正向學習、不怕挑戰、擁有好奇心的孩子，他就像擁有無窮的學習開火權，他樂於接受困難，他不畏挫折與危險……

抓緊大方向，你就不會糾結在小細節上，一次考試考不好又怎樣，一篇作文寫不出來又怎樣，重要的是能微笑面對，記取教訓，然後繼續向前。

這才是我們該給孩子的。

學習與教育 212

生活裡的素養課
從家庭開始，奠基孩子終身學習力的 22 個陪伴錦囊

作　　者｜王文華
責任編輯｜黃麗瑾
編輯協力｜李佩芬
文字校對｜魏秋綢
封面・內頁設計｜王薏雯
內頁排版｜張靜怡
行銷企劃｜林靈姝

發 行 人｜殷允芃
創辦人兼執行長｜何琦瑜
副總經理｜游玉雪
總　　監｜李佩芬
副 總 監｜陳珮雯
資深編輯｜陳瑩慈
資深企劃編輯｜楊逸竹
企劃編輯｜林胤孝・蔡川惠
版權專員｜何晨瑋・黃微真

出 版 者｜親子天下股份有限公司
地　　址｜台北市 104 建國北路一段 96 號 4 樓
電　　話｜(02) 2509-2800　傳真｜(02) 2509-2462
網　　址｜www.parenting.com.tw
讀者服務專線｜(02) 2662-0332　週一～週五：09:00~17:30
讀者服務傳真｜(02) 2662-6048
客服信箱｜bill@cw.com.tw

法律顧問｜台英國際商務法律事務所　羅明通律師
製版印刷｜中原造像股份有限公司
總 經 銷｜大和圖書有限公司　電話｜(02) 8990-2588

出版日期｜2020 年 4 月第一版第一次印行
　　　　　2021 年 6 月第一版第四次印行
定　　價｜350 元
書　　號｜BKEE0212P
I S B N｜978-957-503-579-2（平裝）

國家圖書館出版品預行編目 (CIP) 資料

生活裡的素養課：從家庭開始，奠基孩子終身學習力的 22 個陪伴錦囊／王文華作 . -- 第一版 . -- 臺北市：親子天下 , 2020.04
232 面；14.8×21 公分 . --（學習與教育系列；212）
ISBN 978-957-503-579-2（平裝）

1. 親職教育　2. 親子關係　3. 學習方法

528.2　　109003691